小豆豆国学密码

感悟名句智慧

名句密码 全知道

　　本书力求还原名句产生和发生的真实情境，重新演绎名句的精彩和厚重。在生动、跌宕、细节丰满的讲述当中，带领读者领略名句的丰富，帮助读者体会句子的精髓。

罗炳文◎编著

郑州大学出版社

郑州

图书在版编目(CIP)数据

感悟名句智慧:名句密码全知道/罗炳文编著.—郑州:
郑州大学出版社,2016.1
（小豆豆国学密码）
ISBN 978-7-5645-1750-2

Ⅰ.①感… Ⅱ.①罗… Ⅲ.①汉语-名句-青少年读物 Ⅳ.①H136.3-49

中国版本图书馆 CIP 数据核字(2014)第 114696 号

郑州大学出版社出版发行
郑州市大学路 40 号　　　　　　　　邮政编码:450052
出版人:张功员　　　　　　　　　　发行部电话:0371-66966070
全国新华书店经销
辉县市伟业印务有限公司印制
开本:787 mm×1 092 mm　1/16
印张:12
字数:173 千字
版次:2016 年 1 月第 1 版　　　　　印次:2016 年 1 月第 1 次印刷

书号:ISBN 978-7-5645-1750-2　　　定价:29.80 元
本书如有印装质量问题,请向本社调换

 前 言 >>>

"问渠那得清如许,为有源头活水来。"文章构成于句子,而名句则是锦绣文章的眼睛。句子是文章的血肉,那些优美的句子会瞬间把整篇文章激活,让作品变得异常有生机。多读一些经典的名句,踏上一次风景如画的精神之旅……

名句是一幅如画的风景,美景存于四季。"绿杨烟外晓寒轻,红杏枝头春意闹",好一派蜂飞蝶舞,春意盎然;"蜃气为楼阁,蛙声作管弦",诗情画意带笑意,是夏的生机勃勃;"落霞与孤鹜齐飞,秋水共长天一色",秋是充盈旷达却又秀丽动人;"旋扑珠帘过粉墙,轻于柳絮重于霜",冬雪是轻盈灵动的天使,细心打量着这个世界。美丽的诗句是古人细腻的心思和大自然深情对话的结果,诗中有画画中有诗,每吟起这些精准传神情深四溢的句子时,你眼前总会不由生发出精美绝伦的画面来。

名句是盛放心情的五味瓶,酸甜苦辣尽在其中。轻松是李白"轻舟已过万重山"的惬意,落寞有马致远"枯藤老树昏鸦"的心情;送别时"唯见长江天际流"的孤帆远影,游玩时"霜叶红于二月花"的枫林夕落,这些都会不由自主地勾起我们莫名的情愫,失落时好像有这些诗句在安慰我们,得意时又有这些句子和我们一起分享快乐。让我们用心触摸古人的快乐和伤悲,读这些美好的句子,来一次再好不过的心灵悸动;每当我们触景生情,总有一种共鸣的喜悦难以言传。

名句中自有山川,带我们领略天地。"奇峰云海峥嵘,苍松破壁挺立",山有势,它们昂头挺拔高尚的坚守;"云青青兮欲雨,水澹澹兮生烟",水有形,它们虚心流动灵动的妩媚;"恒山如行,岱山如坐,华山如立,嵩山如卧,南岳如飞",中国名山大川不胜枚举,或长江之尾,或黄河之滨,或高原之巅,或大海之畔,它们坐落在天南地北,有着自己独特的风格和魅力。由于天气、交通、时间、资金等各方面因素的限制,我们很难一一造访各名山大川，身临其境以观其妙，但我们依然可以拿起书本，吟诵起里面"层峦起伏"的诗句，闭上眼想象着那些奇伟诡谲的胜景；就像那首歌唱的：虽不曾看见长江美，梦里常神游长江水；虽不曾听见黄河壮，澎湃汹涌在梦里。

名句里那些充满生活的智慧，是老祖宗给我们的谆谆告诫。看待问题，要有"横看成岭侧成峰，远近高低各不同"的视角；与人为友，与人为邻，要记得"橘生淮南则为橘，生于淮北则为枳"的启示。"三更灯火五更鸡，正是男儿读书时"，读书须趁早须勤奋。"不为轩冕肆志，不为穷约趋俗"，我们无论贫富都要坚守自己……老祖宗对我们寄望很深，我们又怎么能忍心荒废了这些为人处世的朴素哲学？

来吧，朋友！开放你的怀抱，敞开你的心扉，让我们跟随伟人的脚步，感悟名句智慧，洗涤自己的心灵。

编者
2014年1月

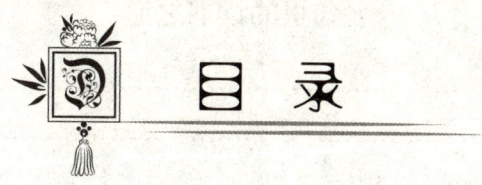

名句里的天地之美

鸟语花香自然美 ································· 1
此情系乎山川 ··································· 10
一草一木皆有理在 ······························· 15
山水之间自得其乐 ······························· 20

名句里的人世情怀

多情自古伤离别 ································· 26
人生几许失意 ··································· 30
男儿热血,英雄豪情 ····························· 36

名句里的为人之道

克己复礼曰仁 ··································· 41
君子风范 ······································· 49
天地有正气 ····································· 57

名句里的励志之道

意志坚定方可成事 ······························· 63
宝剑锋从磨砺出 ································· 68
为学须先立志 ··································· 72

名句里的读书之道

实践出真知	80
为学须有恒心	83
学无止境,求之有方	87
书山有路勤为径	94

名句里的处世之道

俗语里的哲思	98
歇后语里的典故	109
对联里的人生感悟	119
人情世故皆通透	126

名句里的生活智慧

理财治生	140
兵法奇谋	144
治国平天下	150

名句里的真情与挚爱

母仪垂则辉彤管	157
人生得一知己足矣	162
故乡今夜思千里	165
长相思兮长相忆	169

名句里的天地之美

鸟语花香自然美

疏影横斜水清浅，暗香浮动月黄昏

这句话出自林逋的《山园小梅》，意思是：这个梅枝稀稀疏疏的，倒映入清清的水中。梅香，在这个朦胧的月色之下，一阵阵的飘浮过来。原诗为："众芳摇落独暄妍，占尽风情向小园。疏影横斜水清浅，暗香浮动月黄昏。霜禽欲下先偷眼，粉蝶如知合断魂。幸有微吟可相狎，不需檀板共金樽。"

林逋（967—1029），北宋诗人。隐居西湖孤山，终身不仕，未婚娶，以种梅养鹤自娱，人称"梅妻鹤子"，卒谥和靖先生。

这是林逋写的《山园小梅》二首之一，是一首脍炙人口的写梅花的诗。诗的独特之处是，意在咏梅而全诗无一梅字，却又在字里行间无处不见梅，堪称绝唱。宋人欧阳修说："前世咏梅者多矣，未有此句也。"宋人王十朋则用诗赞曰："暗香和月人佳句，压尽千古无诗才。"

北宋梅尧臣的《林和靖先生诗集序》中说：林逋晚年隐居在杭州西湖小孤山，在山上种了三百六十五棵梅树。平日除草、施肥，辛勤劳作。待到梅子熟时，就有成群小贩前来买他的梅子。他卖梅子不是按斤论两而是根据每树梅子多少判断，估价公道，所以商贩们都喜欢买他的梅子。他还准备了三百六十五个竹筒，把每棵树卖下的钱分装入竹筒里编上号，不管有无客人或是客人多少，一天用一竹筒梅子的钱过生活，绝不多用一文。

他还养了两只白鹤。客人来了，先生就打个呼哨，白鹤立刻飞来，立在他跟前。他把钱和纸条装在一只袋里，挂到白鹤颈上，然后让白鹤飞到集市里买鱼肉酒菜。那些商贩见白鹤飞来，知道林逋先生来了客人，就按纸条所开货物收钱付货，交白鹤带回。

春色满园关不住，一枝红杏出墙来。

这句话出自宋代叶绍翁的《游园不值》："应怜屐齿印苍苔，小扣柴扉久不开。春色满园关不住，一枝红杏出墙来。这首诗情景交融，千古传诵。

因游赏受阻而扫兴又得兴，这应该看做是一种精神奇遇。"此诗就是记录这种精神奇遇的，它是一首无法成游、却胜于成游的别具一格的记游诗。

最后一句"一枝红杏出墙来"被千古传诵。古人一向把杏花、梅花、李花、桃花称为春花中的"四姐妹"。杏的种类不是太多，大致可分为山杏、垂枝杏、斑杏几种。据王象晋《群芳谱》载，杏，树大、花盛、果多而根浅，往往要用石头压根，才能承受，难怪红杏总爱伸出墙头去。

杏花自古就是文人入诗的话题，名诗人元好问写有《杏花杂诗十三首》，可见他也是很喜欢杏花的，其中一首写道："杏花墙外一枝横，半面宫妆出晓晴。看尽春风不回首，宝儿元是太憨生。"此诗写得极为委婉含蓄。诗人选取墙外一枝杏花，借墙外一枝窥墙内满园，正是化用了叶绍翁的《游园不值》诗句。"宝儿元是太憨生"则来自另一个典故：隋炀帝身边有个司花女叫袁宝儿，虞世南受命起草诏书时，宝儿双目凝视，虞世南写诗说她："学画鸦黄半未成，垂肩䥽袖太憨生。"元诗用阅尽人间春色的司花女看见杏花也不回首的想象来表现对杏花的喜爱之情。

绿树村边合，青山郭外斜

这句话出自唐代孟浩然《过故人庄》：故人具鸡黍，邀我至田家。绿树村边合，青山郭外斜。开轩面场圃，把酒话桑麻。待到重阳日，还来就菊花。

沈德潜在《唐诗别裁》中称孟浩然的诗"语淡而味终不薄"。也就是说，读孟诗，应该透过它淡淡的外表，去体会内在的韵味。《过故人庄》在孟诗中虽不算是最淡的，但它用省净的语言，平平地叙述，几乎没有一个夸张的句子,没有一个使人兴奋的词语,也已经可算是"淡到看不见诗"(闻一多《孟浩然》)的程度了。

孟浩然是襄州襄阳(今湖北襄阳县)人,盛唐早期的著名诗人,与李白同时而年长。李白这些晚辈诗人都对这位前辈尊敬有加。李白曾有诗篇赞美孟浩然道:"吾爱孟夫子,风流天下闻。红颜弃轩冕,白首卧松云。醉月频中圣,迷花不事君。高山安可仰,徒此揖清芬。"

孟浩然出身门第不高,难有腾达机会,自己也不是很喜欢投机钻营,故直到五十来岁,尽管诗名传天下,却始终还是一介布衣。当时诗人王维在朝廷任重职,一天,孟浩然正在王维官署时,皇帝突然驾临。因为事先没有通报,孟浩然不免有点慌乱,爬到床底下躲了起来。

皇帝进来后,知道官署里还有客人。王维瞒不过,只好把孟浩然叫了出来。皇帝对孟浩然说:你的大名我也早就听说过了,不知道你最近可有些什么新作?

这是孟浩然一辈子都难得的好机会,于是献上这么一首诗道:"北阙休上书,南山归蔽庐。不才明主弃,多病故人疏。白发催年老,青阳逼岁除。永怀愁不寐,松月夜窗虚。"唐玄宗看了很不高兴。说道:"君为大才,我非明主。不是我不用你,是你从来都没有找过我。现在你在诗中却言我抛弃你,这叫人如何说起?你还是归你的南山(唐人好隐居长安郊外的终南山,故南山有隐居之义)去好了!"就这一句话,把孟浩然一辈子的仕途都给堵死了。

风暖鸟声碎, 日高花影重

这句话出自唐代杜荀鹤的《春宫怨》:"早被婵娟误,欲妆临镜慵。承恩不在貌,教妾若为容。风暖鸟声碎,日高花影重。年年越溪女,相忆采芙蓉。"

意思是:早年我被容貌美丽所误,落入宫中;我懒得对镜梳妆打扮,是没有受宠。蒙恩受幸,其实不在于俏丽的颜面;到底为取悦谁,叫我梳妆修饰仪容。鸟儿啼声繁碎,是为有和暖的春风;太阳到了正午,花影才会显得浓重。我真想念,年年在越溪浣纱的女伴;欢歌笑语,自由自在地采撷着芙蓉。

关于此诗的作者，历来有所争议。欧阳修和吴聿以为周朴所为，而胡仔《苕溪渔隐丛话》却断为杜荀鹤所作，且云："故谚云：杜诗三百首，唯在一联中，'风暖鸟声碎，日高花影重'是也。"孰是孰非，有待行家考证。历来写宫怨的诗大多不着"春"字，即使是写春宫之怨的，也没有一首能像杜荀鹤这首那样传神地把"春"与"宫怨"密合无间地表现出来。

随风潜入夜，润物细无声

这句话出自杜甫的《春夜喜雨》，全诗这样写道："好雨知时节，当春乃发生。随风潜入夜，润物细无声。野径云俱黑，江船火独明。晓看红湿处，花重锦官城。"意思是：好雨知道下雨的节气，正是在植物萌发生长的时候，它随着春风在夜里悄悄地落下，悄然无声地滋润着大地万物。雨夜中野外黑茫茫，只有江船上的灯火格外明亮。天亮后，看看这带着雨水的花朵，娇美红艳，整个锦官城变成了繁花盛开的世界。

《春夜喜雨》是杜甫在唐肃宗（李亨）上元二年（761年）春天，在成都浣花溪畔的草堂时写的。此时杜甫因陕西旱灾来到四川定居成都已两年。他亲自耕作，种菜养花，与农民交往，因而对春雨之情很深，写下了这首诗描写春夜降雨、润泽万物的美景。

日出江花红胜火，春来江水绿如蓝，能不忆江南

这句话出自白居易的《忆江南》："江南好，风景旧曾谙。日出江花红胜火，春来江水绿如蓝，能不忆江南。"

白居易的《忆江南》词从写成，流传至今，已是一千多年，这寥寥数语，能如此流行，确实不易。

白居易曾经担任杭州刺史，在杭州待了两年，在他的青年时期，曾漫游江南，旅居苏杭，应该说，他对江南有着相当的了解。当他因病卸任苏州刺史，回到洛阳后十二年，也就是他六十七岁时，写下了这三首忆江南，可见江南胜景仍在他心中栩栩如生。

长庆四年（824年），白居易任满回到京城。为官二十余年，竟然凑不足买房钱，只好以两匹马抵偿，由此可见他为官之清廉。此后的白居

易,又曾任刑部侍郎之职,但是在离开江南之后,他已不愿再为官了。也许,在某个风和日丽的早晨,垂暮的诗人还会想起那些青山、那些绿水,想起那个没有权谋没有诡计没有陷害的地方,那片真正属于自己的地方,然后,暗暗问自己一句:"能不忆江南?"

落霞与孤鹜齐飞, 秋水共长天一色

这句话出自王勃的《滕王阁序》,意思是:落霞与孤雁一起飞翔,秋水和长天连成一片。

王勃,字子安,天聪早慧,六岁能文,九岁时读颜师古所注《汉书》,即能发现其中谬误,并写出《汉书注指瑕》十卷。据《唐摭言》记载,王勃写出流传千古的《滕王阁序》时,年仅十四岁。

文革前,毛主席在一次会议上问到会的同志:"你们谁知道,听说王勃写《滕王阁序》时很年轻,到底是多大时写的?什么地方有这个证明?"在座的众人面面相觑。严慰冰(陆定一的妻子)听了笑着说:"这有何难!王勃十四岁时写了《滕王阁序》,有书为证。"严慰冰回去后从她卧室的书橱中,翻开十五卷的《唐摭言》交给了陆定一,证明所言属实。然后她把书交给毛泽东,毛泽东高兴地赞赏道:"想不到许多大秀才答不出的问题,你能回答。"

其中《唐摭言》记载的是:上元二年(675年)秋,王勃前往交趾看望父亲,路过南昌时,正赶上都督阎伯屿重阳日在滕王阁大宴宾客。王勃前往拜见,阎都督便请他也参加宴会。阎都督此次宴客,让女婿事先准备好一篇序文,在席间当做即兴所作书写给大家看,以向大家夸耀女婿孟学士的才学。宴会上,阎都督让人拿出纸笔,假意请诸人为这次盛会作序。大家知道他的用意,所以都推辞不写,而王勃竟不推辞,接过纸笔,当众挥笔而书。阎都督老大不高兴,拂衣而起,转入帐后,教人去看王勃写些什么。听说王勃写出"落霞与孤鹜齐飞,秋水共长天一色",都督不得不叹服道:"此真天才,当永垂不朽!"

接天莲叶无穷碧, 映日荷花别样红

这句话出自宋代杨万里的《晓出净慈寺送林子方》:"毕竟西湖六月

中，风光不与四时同。接天莲叶无穷碧，映日荷花别样红。"

西湖美景历来是文人墨客描绘的对象，杨万里的这首诗以其独特的手法流传千古，值得细细品味。杨万里为"南宋四大家"之一，是与陆游同时期的一位著名的诗人，他一生嗜茶，留下了不少有关茶的诗文，杨万里有关茶的诗文非常浓郁地表现了一种嗜茶如命的心境。

他在一首诗中说："老夫七碗病未能，一啜犹堪坐秋夕。"虽病不绝，只是少喝点罢了。

此外，杨万里由于夜里也好饮茶，故常常引起失眠，但他仍坚持饮茶。其嗜茶如命绝非是口腹之贪，他追求的是茶的味外之味。杨万里在诗中曰："'谁谓茶苦，其甘如荠。'吾取以为读书之法焉。"将读书与饮茶作比较，由饮茶而想到读书，因此，即使他病得骨瘦如柴，仍不愿放下茶杯。

杨万里从清澄如碧的茶水中悟出了为人处世之正道。杨万里一生清廉，其子杨伯儒也以清廉著称，在广东任官时，曾以自己的七千俸钱代贫户纳税。而杨伯儒病入膏肓、临终之际，却连入殓的衣衾都没有。

乱花渐欲迷人眼，浅草才能没马蹄

这句话出自唐代白居易的《钱塘湖春行》。意思是：沿途繁花东一簇、西一丛，快要让人眼花缭乱了。而路上的春草刚从土里钻出来，刚够遮住马蹄。

全诗为：孤山寺北贾亭西，水面初平云脚低。几处早莺争暖树，谁家新燕啄春泥。乱花渐欲迷人眼，浅草才能没马蹄。最爱湖东行不足，绿杨阴里白沙堤。

钱塘湖是西湖的别名。白居易是在长庆二年（公元822年）的七月被任命为杭州刺史的，而在宝历元年（公元825年）三月又出任了苏州刺史。对于杭州，白居易并不陌生。青少年时代，因河南家乡藩镇战乱不休，他曾南下投奔在杭州作县尉的堂兄，在这里生活过一段时间。这段早年时种下的情愫，使他对杭州除了向往之外，更多了一份亲切感。出任杭州刺史的任命，对他来说可谓正中下怀。他怀着极其轻松喜悦的心情赴任，途中就写下了《暮江吟》（一道残阳铺水中）这样的写景佳作。到杭州后，他更是诗兴大发，此诗当作于长庆三年（823年）春。白居易于上年年底到达杭州，大约有许多公务急需交接处理，所以白居易没有留下游赏之作。好不容易等到第二年的春天来临，大自然才刚刚吐露出些许春的消息，白居易就迫不及待地来到了西湖边，并写下了这首名作。

千里莺啼绿映红，水村山郭酒旗风

这句话出自唐代杜牧的《江南村绝句》："千里莺啼绿映红，水村山郭酒旗风。南朝四百八十寺，多少楼台烟雨中。"

首句一开始就展现了江南大自然风光。"千里"是对广阔江南的概括。这里到处是莺啼，无边的绿叶映衬着鲜艳的红花。"南朝四百八十寺，多少楼台烟雨中"，在春天的微雨中，则另有一番风光。"四百八十"是虚数，不是实指，只为突出佛寺之多。

对于这首诗，明代杨慎《升庵诗话》说：千里莺啼，谁人听得？千里绿映红，谁人见得？若作"十里"，则莺啼绿红之景，村郭、楼台、僧寺、酒旗皆在其中矣。

清人何文焕则在《历代诗话考索中》反驳："千里莺啼绿映红"云云，此杜牧《江南春》诗也。升庵谓"千"应作"十"。盖"千里"已听不着、看不见矣，何所云"莺啼绿映红"耶？余谓即作"十里"，亦未必听得着、看得见。题云《江南春》，江南方圆千里，千里之中，莺啼而绿映红焉；水村山郭，无处无酒旗；四百八十寺，楼台在烟雨中也。

大漠孤烟直，长河落日圆

这句话出自唐王维的《使至塞上》："单车欲问边，属国过居延。征蓬出汉塞，归雁入胡天。大漠孤烟直，长河落日圆。萧关逢侯骑，都护在燕然。"

作者出使，恰在春天。途中见数行归雁北翔，诗人即景设喻，用归雁自比，既叙事，又写景，尤其是"大漠孤烟直，长河落日圆"一联，写进入边塞后所看到的塞外奇特壮丽的风光，画面开阔，意境雄浑，近人王国维称之为"千古壮观"的名句。《红楼梦》第四十八回里说："'大漠孤烟直，长河落日圆'。想来烟如何直？日自然是圆的。这'直'

字似无理,'圆'字似太俗。合上书一想,倒像是见了这景的。要说再找两个字换这两个,竟再找不出两个字来。"这就是"诗的好处,有口里说不出来的意思,想去却是逼真的;又似乎无理的,想去竟是有理有情的"。这段话可算道出了这句诗高超的艺术境界。

竹外桃花三两枝,春江水暖鸭先知

这句话出自宋代苏轼的《惠崇·春江晚景》。全诗为:"竹外桃花三两枝,春江水暖鸭先知。蒌蒿满地芦芽短,正是河豚欲上时。"

这是苏轼为僧人惠崇的画题诗的前两句。桃花既在竹外,可知竹多桃花少。竹子一片,桃花疏疏落落三两枝,横出竹林外,临水而开。画中既有竹子桃花的自然景色的静穆,又有鸭子戏水的活泼动态,动静和谐,一幅画图宛然呈现眼前。

惠崇是宋初僧人,擅长诗歌和绘画。欧阳修的《六一诗话》中说,相传进士许洞会"九僧"赋诗,"出一纸,约曰:'不得犯此一字。'其字乃'山、水、风、云、竹、石、花、草、雪、霜、星、月、禽、鸟'之类,于是诸僧皆搁笔"。司马光的《续温公诗话》记载了一件趣事:惠崇诗有"剑静龙归匣,旗闲虎绕竿"。尤自负者,有"河分岗势断,春入烧痕青"。时人或有讥其犯古者,嘲之:"河分岗势司空曙,春入烧痕刘长卿。不是师兄多犯古,古人诗句犯师兄。"没办法,诗多让古人写得差不多了,偶尔借一点来那也不为过。

苏东坡跟惠崇不仅没有交情,也不是一个时代的。惠崇死后十九年,苏东坡才出生,就连当时文坛的老大欧阳修也只是在幼年听到过他的名字。苏东坡在这画上题诗,原因很简单,赏识惠崇的画,所以一下子题了两首诗。这是其一,另一首是:"两两归鸿欲破群,依依还似北归人,遥知朔漠多风雪,更待江南半月春。"

忽如一夜春风来,千树万树梨花开

这句话出自唐代岑参的《白雪歌送武判官归京》,此诗是一首咏雪送人之作。天宝十三载(754年),岑参再度出塞,充任安西北庭节度使封常清的判官,武某即其前任,为送他归京,写下此诗。

岑参三十岁举进士,授兵曹参军。天宝八载(749年),充安西四镇节度使高仙芝幕府书记,赴安西,十载(751年)回长安。十三载又作安西北庭节度使封常清的判官,再度出塞。安史之乱后,至德二载(757年)才回朝。前后两次在边塞共六年。他回朝后,由杜甫等推荐任右补阙,以后转起居舍人等官职,大历元年(766年)官至嘉州刺史。以后罢官,客死成都旅舍。天宝后期,唐帝国内政已极腐败,但在安西边塞,兵力依然相当强大。岑参天宝十三载写的《北庭西郊侯封大夫受降回军献上》一诗就曾经描写了当时唐军的声威:"胡地苜蓿美,轮台征马肥。大夫讨匈奴,前月西出师。甲兵未得战,降虏来如归。橐驼何连连,穹帐亦累累。阴山烽火灭,剑水羽书稀。"这种局面一直保持到安史之乱发生。岑参的边塞诗就是在这个形势下产生的。

绿杨烟外晓寒轻,红杏枝头春意闹

这句话出自宋祁的《玉楼春》:"东城渐觉春光好,縠(hú)皱波纹迎客棹。绿杨烟外晓寒轻,红杏枝头春意闹。浮生长恨欢娱少,肯爱千金轻一笑。为君持酒劝斜阳,且向花间留晚照。"这首词的意思是:城外面的景色,越来越美。湖面上棉纱一样的波浪,负载着游船,承载着游客的欢乐。绿杨翠柳,茂密如烟,春深了,只有早上,尚余轻寒。红杏枝头,蜂飞蝶舞,春意盎然。人生的欢乐是多么少啊!愿拿千金换一笑。端起斟满的酒杯,邀请夕阳,劝夕阳同干一杯。希望金色的晚照,能够在美丽的花丛中多停留一会儿!

这首词是歌咏春天的名篇,"红杏枝头春意闹"是一向为人所传诵的名句。

宋祁于天圣二年(1024年)与兄宋庠同举进士,排名第一。曾与欧阳修同修《新唐书》。与其兄宋庠齐名,时呼"小宋、大宋"。因为他的《玉楼春》中有"红杏枝头春意闹"的句子,被人称为"红杏尚书"。王国维在《人间词话》中说:"红杏枝头春意闹",这一"闹"字,而境界全出。

山气日夕佳,飞鸟相与还

这句话出自陶渊明的《饮酒》:"结庐在人境,而无车马喧。问君何能尔？心远地自偏。采菊东篱下，悠然见南山。山气日夕佳，飞鸟相与还。此中有真意，欲辩已忘言。"

《饮酒》组诗共二十二首，此为第五首。前有小序，说明全是醉后的作品，不是一时所写。这首主要表现隐居生活的情趣，于劳动之余，饮酒致醉之后，在晚霞的辉映之下，在山岚的笼罩中，采菊东篱，遥望南山，此时情味，何其深远！

陶渊明一生可以分为三个时期：29 岁以前主要是读书时期，从 29 岁到 41 岁他是一会儿出来做官、一会儿又要归隐，是仕隐反复时期。他在彭泽当县令时有一次上级来检查工作，他喟然长叹曰："我不能为五斗米折腰向乡里小儿。"于是就挂冠而去。这种不肯为五斗米折腰的精神，影响了一代又一代的知识分子。像李白，他说"安能摧眉折腰事权贵，使我不得开心颜"，这种精神是非常可贵的。陶渊明挂冠归隐以后，就隐居到田园中去，他的晚年是在田园中度过的。他跟乡亲们的关系非常好，自己有酒的时候就让隔壁邻居的老人们一起来喝酒，他自己没酒喝的时候就去敲人家的门说你家有没有酒。陶渊明在性格方面是非常率真的，有一个非常典型的例子。他这个人不会弹琴，可是他自己家里老是放着一把无弦琴，就是没有琴弦的琴，高兴起来的时候就把琴拿着拨拉拨拉，"但得琴中趣，何劳弦上音"。他的一生最喜欢的一个是美酒，一个是菊花，这两点都非常突出，在所选的这首《饮酒》诗中都有生动的体现。

清水出芙蓉，天然去雕饰

这句话出自唐代李白的《论诗》，意思是：芙蓉出于清水，有大自然天然去雕饰。

懂得这个道理的，在唐朝不仅李白一人，唐朝诗人张祜在《集灵台一》中写道："虢国夫人承主恩，平明骑马入宫门。却嫌脂粉污颜色，淡扫蛾眉朝至尊。"

宋乐史《杨太真外传》记："（妃）有姊三人，皆丰硕修整，工于谐浪，巧会旨趣。每入宫中，移晷方出。……虢国不施脂粉，自炫美艳，常素面朝天。"说的是唐朝杨玉环的姐姐虢（读做"国"）国夫人，也是天生丽质，她对自己的美貌十分自信。即使进宫觐见唐玄宗，也只是淡淡地画一下眉毛而已，于是就有了"素面朝天"这个成语，这自然也是"清水出芙蓉，天然去雕饰"了。

此情系乎山川

两岸猿声啼不住，轻舟已过万重山

这句话出自李白的《早发白帝城》："朝辞白帝彩云间，千里江陵一日还。两岸猿声啼不住，轻舟已过万重山。"

这首有名的七绝，不无夸张和奇想，写得流利飘逸，惊世骇俗，美轮美奂，但又不加雕琢，随心所欲，自然天成。如《唐宋诗醇》卷七："顺风扬帆，瞬息千里，但道得眼前景色，便疑笔墨间亦有神助。三四设色托起，殊觉自在中流。"又丁龙友云："此是神来之调。"吴昌祺《删订唐诗解》卷一三："插猿声一句，布景着色之。"应时《李诗纬》卷四："等闲道出，却使人揣摩不及。"

古时长江三峡，"常有高猿长啸"。自古就有"巴东三峡巫峡长，猿啼三声泪沾裳"之说。清人桂馥读此诗至第三句，不禁赞叹道："妙在第三句，能使通首精神飞越。"（《札朴》）

此诗写于唐肃宗乾元二年（759年），这年春天，李白因永王璘案，流放夜郎，取道四川赴贬地。行至白帝城，忽闻赦书，惊喜交加，随即放舟东下江陵，故诗题一作"下江陵"。此诗抒写了当时喜悦畅快的心情。

枯藤老树昏鸦，小桥流水人家

这句话出自马致远的《天净沙·秋思》："枯藤老树昏鸦，小桥流水人家，古道西风瘦马，夕阳西下，断肠人在天涯。"

全曲由四个画面、四个场景组成，共有枯藤、老树、昏鸦、小桥、流水、人家、古道、西风、瘦马、夕阳、断肠人、天涯十二个名词。作者将这十二个看似毫不相干的名词巧妙地拼合联结起来，组成了这四幅优美的画面，真正做到了诗中有画。表面看本曲并无华丽美妙之处，然而，正是作者看似不经意的名词整合却写出了这千古名篇。

全曲以较简洁质朴的十二个名词组成这四幅优美的画面。作者的用词并无华丽的辞藻，只是一些诗词中常见常用的老词，并不见任何新意。但正是这些并不见有任何出众之处的旧词却写出了这不朽的经典之作，从而得以广泛流传，深入人心。

马致远的"枯藤老树昏鸦，小桥流水人家，古道西风瘦马"，是用了枯、老、昏、小、古、瘦等形容词来强调名词的重叠效果。名词的这种用法，省略了形容词（对属性的描写）和动词（对名词的动态描写），给人以丰富的联想空间，如同国画的飞白一样，空白处才是神妙处。

登山则情满于山，观海则意溢于海

这句话出自南朝梁刘勰的《文心雕龙》，意思是：站在山头上，情感就好像弥漫了山；在海边看海，想象就好像海水一般的澎湃。刘勰写的《文心雕龙》，是我国古代文学理论的杰作，它全面总结了我国南北朝以前的文学研究工作，把文学批评理论推向了一个新阶段，是我国文学批评史上的珍贵遗产。随着这部书所产生的深远影响，刘勰的名字在文学史上占据了重要地位。

曹操的《观沧海》一诗可以说是对这句话最好的注解。曹操是于建安十二年（207年）征乌桓时，登大碣石山（今河北省昌黎县），当时正值秋季，曹操有感于人生（作者时年52岁，也是人生的秋季），写下了这首《观沧海》："东临碣石，以观沧海。水何澹澹，山岛竦峙。树木丛生，百草丰茂。秋风萧瑟，洪波涌起。日月之行，若出其中；星汉灿烂，若出其里。幸甚至哉！歌以咏志。"

这是我国诗歌史上第一首以纯粹写景闻名的杰作，而其之所以闻名，不仅仅是他写出了海的气势，更在于把情与景绝妙的交融，做到了寓情于景，借景抒情。

孤帆远影碧空尽，唯见长江天际流

这句话出自李白的《送孟浩然之广陵》："故人西辞黄鹤楼，烟花三月下扬州。孤帆远影碧空尽，唯见长江天际流。"

唐代黄鹤楼处于武昌西黄鹤矶上（今武汉长江大桥武昌桥头），踞山临江，得形势之要，登楼八面来风，凭栏可极目千里，素有"天下江山第一楼"的美誉。登临送客，足可壮人襟怀。这首写在李白的江南之游结束后不久，这时友人继之而下吴越、之广陵，自然会唤起他关于广陵的种种记忆。李白二十岁后遍游蜀中名山，二十五岁又"仗剑去国，辞亲远游"，足迹几遍中国东南。看惯蜀中山水的李白，自然会对雄浑广阔的自然景色有其敏锐的感受和准确的把握。李白送孟浩然之广陵时，风华正茂，对前途充满信心和希望，因此才能把这首诗写得神采飞扬。

停车坐爱枫林晚，霜叶红于二月花

这句话出自杜牧的《山行》："远上寒山石径斜，白云深处有人家。停车坐爱枫林晚，霜叶红于二月花。"

这首诗，看来是从长途旅行图中截取的"山行"片断。黄叔灿《唐诗笺注》云："'霜叶红于二月花'真名句。"还有"枫林晚"的那个"晚"字，意味着夕阳将落，火红的光芒斜射过来，更使满林枫叶红得快要燃烧。构思新颖，布局精巧，于萧瑟秋风中摄取绚丽秋色，与春光争胜，令人赏心悦目。兼之语言明畅，音韵和谐，宜其万口传诵，经久不衰。

杜牧是晚唐一位著名诗人。青年时期的杜牧，怀有经邦济世之志，喜读兵书，为人刚直不阿，敢于指陈时弊。后来，由于卷入了牛李党争的政治旋涡之中，使他的政治主张未得施展，终于堕入颓废享乐、纵情声色的生活里面。

杜牧主张文以致用，强调内容为主，形式为辅，提倡言之有物，朴实无华的文风；反对无病呻吟，片面追求形式。他的七律和七绝都写得很成功，而七绝尤为凝练、自然，很多名篇为后人所传诵。由于他在诗歌方面成就较高，后人把他与杜甫相提，称为"小杜"，或为李商隐并提，称为"小李杜"。

东边日出西边雨，道是无晴却有晴

这句话出自唐代刘禹锡的《竹枝词》："杨柳青青江水平，闻郎江上唱歌声。东边日出西边雨，道是无晴却有晴。"

这是一首模拟民间情歌的作品。它写的是一位沉浸在初恋中的少女的心情。她爱着一个人，可还没有明确知道对方的态度，因此既抱有希望，又含有疑虑；既欢喜，又担忧。诗人用她自己的口吻，将这种微妙复杂的心理成功地表达出来。

据刘禹锡的自序说，他在建平做官的时候（建平，古郡名，故城在今四川巫山县），看见当地的人唱着一种歌曲，即竹枝词是用笛子和鼓伴奏的，一边唱一边跳舞。谁唱得最多，谁就是优胜者。刘禹锡采用了他们的曲谱，制成新的竹枝词，体裁和七绝一样。本来这种民歌，在唐代早已流行。

落红不是无情物，化作春泥更护花

这句话出自龚自珍《己亥杂诗》："浩荡离愁白日斜，吟鞭东指即天涯。落红不是无情物，化作春泥更护花。"

龚自珍，清代的思想家、文学家。其祖、父皆为进士，在北京做官。他目睹清王朝的昏庸腐朽，曾写道："官吏士民狼艰狈厥，不仕不农不工不商之人十将五六，又或餐烟草，习邪教，取诛戮或冻馁以死，终不肯治一寸之丝，一粒之饭以益人。"他屡试不第，38岁才中进士，只做了几任小京官，后辞官。他在政治上要求进行社会改革，是近代改良主义的先驱者；他的诗气势磅礴，具有浪漫主义色彩。

839年，龚自珍辞官南归，后又北上接眷属，在南北往返途中，写下了短诗315首，题为《己亥杂诗》。本诗是第一首，写他被迫辞官，离开北京时所抒发的感想。诗人离京时，正是鸦片战争的前一年，他目睹了清王朝的腐朽，不愿意与封建势力同流合污，辞官回乡；但是他仍然为国家的命运忧愁，这首诗表达的正是诗人的这种情怀。

姑苏城外寒山寺，夜半钟声到客船

这句话出自唐代张继《枫桥夜泊》："月落乌啼霜满天，江枫渔火对愁眠。姑苏城外寒山寺，夜半钟声到客船。"

寒峙又称枫桥寺，始建于南朝梁天监年间，旧名妙普明塔院。相传因唐代高僧寒山和拾得自天台山国清寺来此住持，更名为寒山寺。南宋绍兴四年（1134年）僧法迁重建寺院。这首诗是张继落榜后，在客船上，听到寺院的钟声响起而写的一首诗。在很多年以后，人们已经不记得张继那一届的状元是谁，但人们却记住了这首诗，记住了张继。这是一首经典永恒的诗！毛宁的《涛声依旧》，就是根据这首诗改编的。寒山寺位于阊门外枫桥镇，现为佛教活动场所。自从张继写下了这首诗，诗韵钟声就开始千古传颂。夜半钟声的风习，虽早在《南史》中即有记载，但把它写进诗里，成为诗歌意境的点眼，却是张继的创造。在张继同时或以后，虽也有不少诗人描写过夜半钟声，却再也没有达到过张继的水平，更不用说借以创造出完整的艺术意境了。如今每到新年，人们都有到寒山寺听钟声，以抛弃烦恼忧愁的习俗。

小荷才露尖尖角，早有蜻蜓立上头

这句话出自杨万里的《小池》："泉眼无声惜细流，树阴照水爱晴柔。小荷才露尖尖角，早有蜻蜓立上头。"

这首诗的意思是：泉眼悄无声是珍惜细细的水流，树阴映水面是它喜欢晴日的温柔。小小的嫩荷刚露出紧裹的叶尖，早飞来可爱的蜻蜓站立在上头。

此诗是一首清新的小品。一切都是那样的细，那样的柔，那样的富有情意。它句句是诗，句句如画，展示了明媚的初夏风光，自然朴实，又真切感人。杨万里（1124—1206），南宋诗人，字廷秀，号诚斋，吉州吉水（今属江西）人，是我国古代写诗最多的作家之一。他的诗通俗清新，流畅自然，人称"诚斋体"。诗的内容以山水风光自然景色为主，所以他的好朋友曾经幽默地跟他开玩笑说"处处山川怕见君"。

夜阑卧听风吹雨，铁马冰河入梦来

这句话出自宋代陆游的《十一月四日风雨大作》：僵卧孤村不自哀，尚思为国戍轮台。夜阑卧听风吹雨，铁马冰河入梦来。

此诗作于宋光宗绍熙三年（公元1192年），时年诗人67岁，闲居于故乡山阴（今浙江省绍兴市）。原诗共两首，此处所选的是其中的第二首。

清代赵翼《瓯北诗话》卷六曾评陆游诗道:"即如记梦诗,核计全集,共九十九首。人生安得有如许梦!此必有诗无题,遂托之于梦耳。"

同陆游的许多爱国诗篇一样,这首诗充满爱国豪情,大气磅礴,风格悲壮。

当诗人一身病痛,孤独地躺在荒凉的乡村里,他会想起很多往事。人生匆匆近百年,回首过往,感慨颇多,幼年时的理想,青年时的挫折,中年时的抱负,老年时的失意都会像过眼烟云一样在心头闪现。

当时,金人南侵,宋朝丢失了大半壁江山,诗人由于主张对金作战而被罢官回乡,僵卧孤村,失意之思,经历之悲,病体之痛,家国之愁,似乎已穿越岁月时空,飘飘悠悠,在身边蔓延。然而,诗人并没有沉浸在悲愁中。当南宋皇帝偏安江南,朝中士大夫纷纷在江南的小桥流水中风花雪月、吟诗诵词之时,陆游无时无刻不在想着北伐,无时无刻不在渴望着祖国的统一,虽屡受投降派的谗毁排挤,却矢志不移。

一草一木皆有理在

梅须逊雪三分白, 雪却输梅一段香

这句话出自宋卢梅坡的《雪梅》:"梅雪争春未肯降,骚人搁笔费评章。梅须逊雪三分白,雪却输梅一段香。"

古今不少诗人往往把雪、梅并写,雪因梅透露出春的信息,梅因雪更显出高尚的品格。如毛泽东《卜算子·咏梅》中就曾写道:"风雨送春归,飞雪迎春到。已是悬崖百丈冰,犹有花枝俏。俏也不争春,只把春来报。待到山花烂漫时,她在丛中笑。"雪、梅都成了报春的使者、冬去春来的象征。著名学者钱钟书说:"唐诗多以丰情神韵见长,宋诗多以筋骨思理见胜。"题中卢梅坡的《雪梅》是一首蕴含丰富哲理的诗。

"梅须逊雪三分白,雪却输梅一段香"借雪梅的争春,告诫我们人各有所长,也各有所短,要有自知之明。取人之长,补己之短,才是正理。有这样一则童话说的就是这个道理:有一头大象和一只蚂蚁比赛气力,

请仙人当裁判。大象挥动长鼻拔起了一株大树，卷着来回走了一圈。蚂蚁呢，它不慌不忙咬断一根小草，吃力地把它拖着走了一段路。仙人看了，评判道："我认为蚂蚁的力气比象的大。因为象拖动的大树，还没有它的身躯那么重。而蚂蚁呢，衔着的小草却已经等于它的体重的25倍。按照一只动物的大小和它能够拖走多重的东西比较一下来说，蚁的力气却要比象大好几十倍。"

不识庐山真面目，只缘身在此山中

这句话出自苏轼的《题西林壁》："横看成岭侧成峰，远近高低各不同；不识庐山真面目，只缘身在此山中。"

《题西林壁》是游观庐山后的总结，它描写庐山变化多姿的面貌，并借景说理，指出观察问题应客观全面，如果主观片面，就得不出正确的结论。

庐山位于江西省北部，耸立于长江南岸、鄱阳湖之滨，自古有"匡庐奇秀甲天下"的美称。她那瞬息万变、瑰丽奇迷的山色，为历代文人骚客讴歌不已。唐朝诗人钱起这样写道："咫尺愁风雨，匡庐不可登。只疑云雾里，犹有六朝僧。"

庐山风雨云雾使诗人感到惊异骇怪。苏轼却以他独特的感受，翻出新的意境，《题西林壁》这首诗，是苏轼在元丰七年（1084年）四月，与友人参寥同游庐山西林寺时的作品。其实，十几天前他刚入庐山的时候，曾写过一首五言小诗："青山若无素，偃蹇不相亲。要识庐山面，他年是故人。"他很风趣地说，第一次见到庐山，好像遇到一位高傲的陌生人，要想和他混熟，今后就得常来常往，于是他"往来山南北十余日"，最后写出这篇歌咏庐山的名篇。

苏轼游历庐山主要是因为他父亲苏洵生前曾入住庐山圆通寺，如今自己前来，也是为了拜访老父的旧友。苏轼的弟弟苏辙，在他被贬官筠州（今江西高安县）途中，曾经过庐山，也到过圆通寺。苏辙到筠州后，曾作了一篇《东轩记》。宋代三苏这三颗文坛明星都相继光顾圆通寺，后人建有"一翁二季亭"用作纪念，圆通寺也因而成为名重一时的庐山宝刹。

蝉噪林愈静，鸟鸣山更幽

这句话出自王籍《入若耶溪》："艅艎何泛泛，空水共悠悠。阴霞生远岫，阳景逐回流。蝉噪林愈静，鸟鸣山更幽。此地动归念，长年悲倦游。"

若耶溪在会稽若耶山下，景色佳丽。本篇是王籍游若耶溪时创作的。"蝉噪"句是千古传诵的名句，被誉为"文外独绝"。像唐代王维的"倚杖柴门外，临风听暮蝉"，都是用声响来衬托一种静的境界，而这种表现手法正是王籍的创新。

王籍，南朝梁天监中除湘东王谘议参军，他广学博涉，富有才气。初仕齐，后仕梁。喜欢游山玩水，作诗学谢灵运。《梁书·文学传》有这么一段记载："籍除轻车湘东王谘议参军，随府会稽。郡境有云门天柱山，籍尝游之，或累月不反。至若耶溪，赋诗云：'蝉噪林愈静，鸟鸣山更幽。'当时以为文外独绝。"

若耶溪，在绍兴市东南，发源于离城区44里的若耶山（今称化山），沿途纳36溪溪水，北入鉴湖。早年，上游流经群山，下游两岸竹木丰茂。

此诗之后，描写若耶溪的诗作不断涌现，而且或多或少受了它的影响。如崔颢《入若耶溪》："轻舟去何疾，已到云林境。起坐鱼鸟间，动摇山水影。岩中响自答，溪里言弥静。事事令人幽，停桡向馀景。"孟浩然《耶溪泛舟》："落景余清辉，轻挠弄溪渚。澄明爱水物，临泛何容与。白首垂钓翁，新妆浣纱女。相看似相识，脉脉不得语。"

问渠哪得清如许，为有源头活水来

这句话出自朱熹的《观书有感》："半亩方塘一鉴开，天光云影共徘徊。问渠哪得清如许，为有源头活水来。"

朱熹在赞美读书有所领悟，心灵中感知的畅快、清澈、活泼，像活水一样的书中新知，在源源不断地给他补充。

还有一个"正本清源"的成语，意思是从根本上整顿，从源头上清理，表达的其实是与朱熹的诗一样的意思。据《汉书·刑法志》记载：

"岂宜惟思所以清原正本之论，删定律令。"汉代的史学家班固在《汉书》的《刑法志》中有一段讨论国家刑法制度的话，他认为，汉朝当时的法律有很多不合宜的地方，重者太重，轻的又太轻，无法达到法律应有的效果，造成了社会的混乱。所以，班固认为，要改变这种局面，必须从刑法制度的修改开始，从源头上进行治理整顿，这样，国家才能够安定，人民才能够安居乐业。《晋书·武帝纪》中也说："思与天下式明王度，正本清源。"

野火烧不尽，春风吹又生

这句话出自白居易的《赋得古原草送别》："离离原上草，一岁一枯荣。野火烧不尽，春风吹又生。远芳侵古道，晴翠接荒城。又送王孙去，萋萋满别情。"

这是一首应考习作，相传为白居易十六岁时所作。按科举考试规定，凡指定的试题，题目前须加"赋得"二字，作法与咏物诗相类似。《赋得古原草送别》即是通过对古原上野草的描绘，抒发送别友人时的依依惜别之情。

这首被看做是白居易的成名作的五言律诗，一般都认为是白居易十六周岁（公元787年）左右，由徐州经出生地河南新郑县，到达京都长安，或者在饶州或苏州拜谒大诗人顾况时，拿出的"行卷"礼，是在练习举业过程中的"咏物"之作。据宋人尤袤《全唐诗话》记载：白居易十六岁时从江南到长安，带了诗文谒见当时的大名士顾况。顾况看了名字，开玩笑说："长安米贵，白居不易。"但当翻开诗卷，读到这首诗中"野火烧不尽，春风吹又生"两句时，不禁连声赞赏说："有句如此，居天下有甚难！老夫前言戏之耳。"连诗坛老前辈也被折服了，可见此诗艺术造诣之高。

欲穷千里目，更上一层楼

这句话出自唐代王之涣的《登鹳雀楼》："白日依山尽，黄河入海流。欲穷千里目，更上一层楼。"

沈德潜在《唐诗别裁》中选录这首诗时曾指出："四语皆对，读来不嫌其排，骨高故也。"《梦溪笔谈》中曾指出，唐人在鹳雀楼所留下的诗中，"唯李益、王之涣、畅当三篇，能状其景"。李益的诗是一首七律；畅当的诗也是一首五绝，也题作《登鹳雀楼》，全诗如下："迥临飞鸟上，高出世尘间。天势围平野，河流入断山。"

关于鹳雀楼，沈括在《梦溪笔谈》中记述："河中府鹳雀楼三层，前瞻中条，下瞰大河。唐人留诗者甚多。"

开元中期，王之涣与王昌龄、高适齐名。一日下雪，三人一起到旗亭饮酒，正好有十多个梨园伶官和四位著名歌妓也来此喝酒，他们三人便在旁边一面烤火一面观看。王昌龄提议说，我们都素有诗名，但究竟谁更胜一筹，今天我们可看她们所唱谁的诗最多，谁便为最优。第一个歌妓唱的是王昌龄的"一片冰心在玉壶"，王昌龄在壁上为自己画了一道。第二个唱的是高适的"开箧泪沾臆"，高适也为自己画了一道。随后王昌龄又添得一道。王之涣说，这几位为普通歌妓，唱的都是下里巴人，我们看那位最佳的歌妓唱的是谁的诗。如果唱的不是我的诗，我就不敢与你们二位争衡了。待到那名妓唱时，果然是王之涣的诗，三人不觉开心地笑起来。从此，旗亭画壁，就成了典故。元人还编成杂剧上演，由此可见当时王之涣诗名之盛。

等闲识得东风面， 万紫千红总是春

这句话出自宋代朱熹的《春日》，意思是：很随便地便认识了东风的面目，这万紫千红的景象都是由春光点染而成。全诗为："胜日寻芳泗水滨，无边光景一时新。等闲识得东风面，万紫千红总是春。"

从表面看，这是一首春游诗；但细究寻芳的地点是泗水之滨，而此地在宋南时早被金人侵占。朱熹未曾北上，当然不可能在泗水之滨游春吟赏。其实诗中的"泗水"是暗指孔门，因为春秋时孔子曾在洙、泗之间弦歌讲学，教授弟子，因此所谓"寻芳"即是指求圣人之道。寻芳是指求"道"。诗虽充满理趣，但形象鲜明，仅仅作为游春诗来欣赏，也是一首好诗。

后人评论朱熹的诗作时说："因他胸中先有许多道理，然后寻诗家言语衬托出来。"也就是说，朱熹是用真正的诗歌语言来表达哲理的。

朱熹31岁正式拜程颐的三传弟子李侗为师，专心儒学，成为程颢、程颐之后儒学的重要人物。淳熙二年（1175年），朱熹与吕祖谦、陆九渊等会于江西上饶铅山鹅湖寺，是为著名的鹅湖之会。朱熹在"白鹿国学"的基础上，建立白鹿洞书院，订立《学规》，宣扬道学。在潭州（今湖南长沙）修复岳麓书院，讲学以穷理致知、反躬践实以及居敬为主旨。他继承二程，又独立发挥，形成了自己的体系，后人称为程朱理学。

山水之间自得其乐

大江东去，浪淘尽，千古风流人物

这句话出自苏轼的《念奴娇·赤壁怀古》："大江东去，浪淘尽，千古风流人物。故垒西边，人道是：三国周郎赤壁。乱石穿空，惊涛拍岸，卷起千堆雪。江山如画，一时多少豪杰。遥想公瑾当年，小乔初嫁了，雄姿英发。羽扇纶巾，谈笑间，樯橹灰飞烟灭。故国神游，多情应笑我，早生华发。人生如梦，一尊还酹江月。"

苏轼一生处于北宋新法与旧党之间的斗争、倾轧激烈的时期。宋神宗时，因反对王安石变法，先后被贬官杭州、密州、徐州、湖州等地。后谏官弹劾他在诗文中有诽谤朝廷之语，被捕下狱，出狱调黄州团练副使。《念奴娇》是苏轼贬官黄州后的作品。黄州团练副使是个闲职，他在旧城营地辟畦耕种，游历访古，政治上失意，滋长了他逃避现实和怀才不遇的思想情绪，但由于他豁达的胸怀，在祖国雄伟的江山和历史风云人物的激发下，借景抒情，写下了一系列脍炙人口的名篇，此词为其代表。

其中，《念奴娇》中的周瑜形象与《三国演义》中的大不相同，"遥想公瑾当年，小乔初嫁了，雄姿英发。羽扇纶巾"，苏轼笔下的周瑜年轻有为，文采风流，江山美人兼得，春风得意，且有儒将风度，指挥若定，胆略非凡，气概豪迈。而《三国演义》中的周瑜形象既有聪明能干的一面，又有狭隘嫉妒的一面，并无"羽扇纶巾"的儒将风度。

醉翁之意不在酒，在乎山水之间也

这句话出自宋代欧阳修《醉翁亭记》。

醉翁亭，位于琅琊山半山腰，为我国四大名亭之首。它和丰乐亭都因镌有欧阳修文、苏东坡字而著名。琅琊山，位于安徽省滁州西约5公里处的群山之中，古称摩陀岭，后因东晋琅琊王避难于此，改称"琅琊山"，又名"琅玡山"。

醉翁亭初建于北宋仁宗庆历年间，距今已有900多年的历史。它是当时琅琊寺住持僧智仙和尚专门为欧阳修而建。当时，欧阳修因在朝得罪了左丞相等一伙奸党，被贬至滁州任太守后，常在此饮酒赋文，智仙同情他，特建造了这亭子。欧阳修自称"醉翁"，便命亭为醉翁亭，并作了传世不衰的著名散文《醉翁亭记》。

会当凌绝顶，一览众山小

这句话出自杜甫《望岳》："岱宗夫如何，齐鲁青未了。造化钟神秀，阴阳割昏晓。荡胸生层云，决眦入归鸟。会当凌绝顶，一览众山小。"

其中最后两句为千古名句，意思是：我一定要登上泰山的顶峰，俯瞰那众山，而众山就会显得极为渺小。

《望岳》是现存杜诗中年代最早的一首。诗人到了泰山脚下，但并未登山，故题作《望岳》。清人浦起龙在《读杜心解》中说："杜子心胸气魄，于斯可观。取为压卷，屹然作镇。"李健吾的《雨中登泰山》，其中就引用了这首诗，这首诗还化用了《孟子》中的一个典故："孔子登东山而小鲁，登泰山而小天下。"东山即现在的蒙山，相传，孔子登东山是沿泗水、卞桥、仲村一线，从东蒙古道攀缘其巅的。因为登上蒙山绝顶，遥望四方，琅琊在其东，徂徕居其西，大岘处其北，抱犊位其南，鲁国山河尽收眼底，所以孔子登临时才有"小鲁"的感觉。而登上泰山，自然就有小天下的感觉了。

无边落木萧萧下，不尽长江滚滚来

这句话出自唐代杜甫的《登高》，这两句的意思是：无边无际的林木，树叶萧萧飘落；无穷无尽的长江，江水滚滚而来。全诗为："风急天高猿啸哀，渚清沙白鸟飞回。无边落木萧萧下，不尽长江滚滚来。万里悲秋常作客，百年多病独登台。艰难苦恨繁霜鬓，潦倒新停浊酒杯。"

  这首诗作于夔州，写登高所见的江天秋色。夔州滨临长江，江流在此进入瞿塘峡，峡口多风，深秋时更是天高风急。诗人登高仰望，只见无边无际的林木落叶萧萧而下，滚滚而来的长江奔流不息，联想到自己年华已逝，壮志未酬，心情何等落寞、何等悲壮！全联对仗工整，气韵流畅，加上"萧萧""滚滚"两组叠字的对用，读来音调铿锵，气势奔放，因此前人称它为"古今独步"之作。

烟笼寒水月笼沙，　夜泊秦淮近酒家

  这句话出自唐代杜牧《泊秦淮》："烟笼寒水月笼沙，夜泊秦淮近酒家。商女不知亡国恨，隔江犹唱后庭花。"

  这首诗是即景感怀的，金陵曾是六朝都城，繁华一时。诗人目睹如今的唐朝国势日衰，当权者昏庸荒淫，不免要重蹈六朝覆辙，无限感伤。沈德潜在《唐诗别裁集》中评此诗为"绝唱"。诗人通过写夜泊秦淮的所见所闻，揭露了晚唐统治阶级沉溺酒色、醉生梦死的腐朽生活。建康是六朝都城，秦淮河穿城而过流入长江，两岸酒家林立，是当时豪门贵族、官僚士大夫享乐游宴的场所。唐王朝的都城虽不在建康，然而秦淮河两岸的景象却一如既往。

  杜牧颇为关心政治，对当时百孔千疮的唐王朝表示忧虑，他看到统治集团的腐朽昏庸，看到藩镇的拥兵自固，深感社会危机四伏。这种忧时伤世的思想，促使他写了好些具有现实意义的诗篇。《泊秦淮》也就是在这种思想基础上产生的。诗中说，金陵歌女"不知亡国恨"，还唱着那《后庭花》曲。关于《后庭花》，即《玉树后庭花》，南朝陈后主所作，他生活奢侈，不问政事，且喜爱艳词，每日只在宫中与嫔妃近臣游宴。他在后庭摆宴时，必唤上一些舞文弄墨的近臣，然后让文臣作词，选取其中特别艳丽的句子配曲，一组组分配给宫女，一轮轮地演唱。其中有"璧月夜夜满，琼树朝朝新"，更有一首《玉树后庭花》歌词中云："玉树后庭花，花开不复久。"陈后主的好日子就像这玉树后庭花一样短暂，前后不足七年（公元 582 年至 589 年），589 年，隋兵进入建康（今南京），陈后主被俘，后病死于洛阳。其实，这是作者借陈后主因追求荒淫享乐终至亡国的历史，讽刺晚唐那帮醉生梦死的统治者不从中汲取教训。

山高月小，水落石出

这句话出自宋代苏轼《后赤壁赋》，这两句话的意思是：月亮升上高山顶就变得小了；潮水回落，水底的石头就露了出来。

苏轼在被贬黄州时，曾两次游历黄州城外的赤壁，写下了两篇传世之作《前赤壁赋》和《后赤壁赋》。

当时，十月夜晚的月光分外皎洁，苏轼和他的两个朋友兴致勃勃地一起在城外散步。月白风清的美丽夜景，使他们诗兴大发；和朋友相聚，畅叙友情，更使他们忘记了一切烦恼。他们和歌吟诗，畅所欲言，欢乐之至。苏轼突然想到了酒，急忙赶回家中。见他回家，妻子笑了，拿出一罐藏了很久的酒，说这就是供给他临时需用的。

苏轼大喜过望，连连称谢，拿了酒，赶回朋友中间，来到赤壁下的长江岸边，登上小舟，泛舟游玩。

这时，只听见东流的江水发出潺潺的声响，在万籁寂静的夜晚显得特别清脆，岸边千尺陡壁，峻峭如削。一座座高大的山峰屹立，悬在山峰间的月亮显得小了；江水下落，沉在江水之下的石头露了出来。于是，就有了千古名篇《后赤壁赋》。

欲把西湖比西子，淡妆浓抹总相宜

这句话出自苏轼的《饮湖上初晴后雨》："水光潋滟晴方好，山色空蒙雨亦奇。欲把西湖比西子，淡妆浓抹总相宜。"诗的意思是：在晴日的阳光照射下，西湖水波荡漾，闪烁着粼粼的金光，风景秀丽；在阴雨的天气里，山峦在细雨中迷蒙一片，别有一种奇特的美。如果要把西湖比作美女西施，那么晴朗的西湖就如浓妆的西施，而雨天的西湖就像淡妆的西施，都是同样的美丽无比。

西湖旧称武林水、钱塘湖、西子湖，位于杭州市之西，自宋代开始通称西湖。欧阳修曾把杭州和扬州相比："菡萏香消画舸浮，使君宁复忆扬州。都将二十四桥月,换得西湖十顷秋。"苏东坡更是直截了当地说:"天下西湖三十六,就中最好是杭州。"而古往今来,只有苏东坡的《饮湖上初晴后雨》才写出西湖的天生丽质和动人神韵,被公推为前无古人,后无来者的西湖千古绝唱。

中国民间自来就有"上有天堂,下有苏杭"之说,宋代大词人柳永的一阕《望海潮》把杭州的景观着实铺陈了一番:"东南形胜,三吴都会,钱塘自古繁华。烟柳画桥,风帘翠幕,参差十万人家。云树绕堤沙,怒涛卷霜雪,天堑无涯。市列珠玑,户盈罗绮,竞豪奢。

重湖叠巘清嘉,有三秋桂子,十里荷花。羌管弄晴,菱歌泛夜,嬉嬉钓叟莲娃。千骑拥高牙,乘醉听箫鼓,吟赏烟霞。异日图将好景,归去凤池夸。"据说:"此词流播,金主(完颜)亮闻歌,欣然有慕于'三秋桂子,十里荷花',遂起投鞭渡江之志。"因此,北宋灭亡之时,众怨难归,因为西湖有一个"西子"的美称,硬是把"祸国"的污水泼向西湖,把西湖作为灭国的罪魁。

溪云初起日沉阁, 山雨欲来风满楼

这句话出自唐代许浑的《咸阳城东楼》:"一上高城万里愁,蒹葭杨柳似汀州。溪云初起日沉阁,山雨欲来风满楼。鸟下绿芜秦苑夕,蝉鸣黄叶汉宫秋。行人莫问当年事,故国东来渭水流。"

许浑的这首《咸阳城东楼》,写的是在咸阳城头登临远眺所引起的感慨。诗中"山雨欲来风满楼"一句,就是传诵千古的名句。

此诗作于宣宗大中三年(849年)任监察御史时。一上咸阳城楼,首先看见"蒹葭杨柳",有"似"故乡的"汀州",因而触动"万里"乡"愁";后来又凭眺"秦苑""汉宫"的遗迹,只见"鸟下绿芜""蝉鸣黄叶",一派荒凉景象,因而又发出"当年事"唯余"渭水东流"的慨叹。

"溪云初起日沉阁"中,据作者自注,句中的"溪",指咸阳城南的磻溪,"阁"是指城外西边的慈福寺阁,写的是咸阳城楼所见。下句"山雨欲来风满楼",是全诗的警句。周围的群山,雨意越来越浓,大雨即将到来,城楼上,已是满楼的狂风。但是,作者并不仅仅只是写自然界的

变化，而是包含着另外一层意思。这个时候，唐皇朝的统治，已经面临着崩溃的危机，社会也是到了大变动的前夕了，这种社会大变动的征兆，已经反映得极为明显，即出现了"山雨欲来风满楼"的局面。

明月松间照，清泉石上流

这句话出自王维的《山居秋暝》："空山新雨后，天气晚来秋。明月松间照，清泉石上流。竹喧归浣女，莲动下渔舟。随意春芳歇，王孙自可留。

这首诗是写山居秋天晚暮幽静景色的，充满了诗情画意，并且从诗人欣赏的角度，还表现了劳动人民生活的情趣。全诗描绘了秋雨初晴后的黄昏时节山居生活的恬静清幽，表现了诗人怡然闲适的心情。"

这首诗的另一个特点是其中体现出来的禅意。王维一家都是佛教信仰者，其母崔氏在他很小的时候就开始带发修行，这对事母至孝的王维产生了重大的影响。在这样的家庭环境中，王维自己也是常年食素，到了晚年就更加严格，《旧唐书》说他："斋中无所有，唯茶铛、药臼、经案、绳床而已。"另外，他还是个很重感情的人，中年丧妻后终身未娶，《旧唐书·王维传》称他"三十年孤居一室，摒绝尘累"。再者，王维的名字本身就深含禅机：他名维，字摩诘，连读恰为"维摩诘"，这正好与佛经《维摩诘所说》中的一位得道的释尊称许的神通广大的大居士维摩诘长者同名。王维接触佛教应该算是比较早的，但真正接受佛教思想，则大约始于开元十五年（727年）左右，时年27岁。在他所作的《桃源行》这首诗中，王维超越了陶渊明的"结庐在人境"，而着意塑造了一个"坐看红树不知远，行尽青溪不见人"，"平明闾巷扫花开，薄暮渔樵乘水入"的境界，这已经是一种文人雅士对于内心禅意境界的向往。

木欣欣以向荣，泉涓涓而始流

这句话出自晋陶渊明《归去来兮辞》，意思是：草木茂盛，欣欣向荣，涓涓泉源，细水慢流。原文是："归去来兮，田园将芜胡不归！既自以心为形役，奚惆怅而独悲？……木欣欣以向荣，泉涓涓而始流；善万物之得时，感吾生之行休！"

这是陶渊明辞官归隐后所见到的山村景象。草、木、清泉，这本是极常见到的自然景物，由于作者心情愉快，热爱自然风光，因而笔下生花，将其描写得如此充满生命力，并给人以欢愉。欧阳修对其给予了极高的评价，说"晋无文章，惟陶渊明《归去来兮辞》而已"。

陶渊明，他的曾祖父就是东晋著名的大将军陶侃；但到了他的少年时代，陶家已经败落，生活贫困。直到二十九岁时，陶渊明才谋得江州祭酒一职，却因忍受不了官场的繁文缛节，早早辞了职。公元405年，当他四十一岁时，又被推荐到彭泽（今江西九江东北）当了县令。

好不容易在彭泽当了几十天县令，一天，衙役来报：过几天郡里派的督邮要到彭泽来视察。那个督邮是个专门依仗权势、阿谀逢迎，却又无知无识的花花公子。陶渊明想到自己将要整冠束带、强作笑颜去迎候这种小人，实在忍受不了："我怎么能为了这五斗米官俸，去向那种卑鄙小人折腰呢？"

第二天，陶渊明乘船离开了彭泽。他出任彭泽令，在任仅八十余日，十三年的仕途生涯终于结束了。

《归去来兮辞》就是在他辞去彭泽令后写的。

名句里的人世情怀

多情自古伤离别

剪不断，理还乱，是离愁

这句话出自李煜《相见欢》："无言独上西楼，月如钩。寂寞梧桐深院锁清秋。剪不断，理还乱，是离愁。别是一番滋味在心头。"

此词写作时期难定。如果是李煜早年的作品，词中的缭乱离愁不过属于他宫廷生活的一个插曲；如作于归宋以后，此词所表现的则应当是他离乡去国的锥心怆痛。

李煜公元961年即位，五代南唐国主，世称李后主。他登位之时，宋已代周建国，南唐形势风雨飘摇。他在对宋委曲求全中过了十几年苟安生活。南唐为宋灭之后，他被俘到汴京。

李煜在文艺上颇有成就，能书善画，妙解音律，他创作上的主要成就在入宋之后。此时，他逐渐从醉生梦死中清醒过来，亡国使他丢掉了皇帝的宝座，却使他在词的创作上获取了巨大的成就，如清代大学者王国维所说的那样："词至李后主而眼界始大，感慨遂深，遂变伶工之词为士大夫之词。"

李煜在政治上十分无能，不修政事，纵情于吟咏宴游，笙歌燕舞。为了使宫女的舞姿更加曼妙婀娜，荒唐病态竟至于让宫女束脚，传说中国女子裹脚陋习便起源于他。

十年生死两茫茫，不思量，自难忘

这句话出自苏轼的《江城子》，全诗为："十年生死两茫茫，不思量，自难忘。千里孤坟,无处话凄凉。纵使相逢应不识,尘满面,鬓如霜。夜来幽梦忽还乡,小轩窗,正梳妆。相顾无言,唯有泪千行。料得年年断肠处,明月夜,短松岗。"

这是一首著名的"悼亡诗",是苏轼为悼念亡妻所作。苏东坡十九岁时,与年方十六的王弗结婚。王弗年轻美貌,且侍亲甚孝,二人恩爱情深。可惜天命无常,王弗二十七岁就去世了。这对东坡是绝大的打击,其心中的沉痛、精神上的痛苦,是不言而喻的。王弗逝世后这十年间,东坡因反对王安石的新法,在政治上受到压制,心境是悲愤的;到密州后,又逢凶年,忙于处理政务,生活上困苦已极。苏轼在《亡妻王氏墓志铭》里说:"治平二年(1065年)五月丁亥,赵郡苏轼之妻王氏(名弗),卒于京师。六月甲午,殡于京城之西。其明年六月壬午,葬于眉之东北彭山县安镇乡可龙里先君、先夫人墓之西北八步。"熙宁八年(1075年),东坡来到密州,这时他才四十岁不到,已经"鬓如霜"了。这一年正月二十日,他梦见爱妻王氏,便写下了这首传诵千古的悼亡词。

人有悲欢离合,月有阴晴圆缺

这句话出自苏轼《水调歌头》,全词为:"明月几时有?把酒问青天。不知天上宫阙,今夕是何年。我欲乘风归去,又恐琼楼玉宇,高处不胜寒。起舞弄清影,何似在人间!转朱阁,低绮户,照无眠。不应有恨,何事长向别时圆?人有悲欢离合,月有阴晴圆缺,此事古难全。但愿人长久,千里共婵娟。"

词前小序说:"丙辰中秋,欢饮达旦,大醉,作此篇,兼怀子由。"根据这个小序,我们可以了解这首诗的背景:丙辰,是北宋神宗熙宁九年(1076年)。当时苏轼在密州(今山东诸城)做太守,中秋之夜他一边赏月一边饮酒,直到天亮,于是作了这首《水调歌头》,是醉后抒情,怀念兄弟(子由)之作。

子由,也就是苏轼的弟弟苏辙。仁宗嘉祐二年(1057年)与苏轼一起中进士。不久因母亲去世,回家服孝。嘉祐六年(1063年),又与苏轼同中制举科。熙宁三年(1070年)上书神宗,竭力向皇上陈述法不可变,熙宁五年(1072年),出任河南推官。元丰二年(1079年),其兄苏轼以作诗"谤讪朝廷"罪被捕入狱。他上书请求以自己的官职为兄赎罪，不准，牵连被贬，监筠州盐酒税。哲宗元祐四年（1089年）权吏部尚书，出使契丹。回朝后任御史中丞。崇宁三年（1104年），苏辙在颖川定居，过田园隐逸生活。他和苏轼感情很好，从这首词中就能够窥见一斑。

劝君更进一杯酒，西出阳关无故人

这句话出自唐代王维《送元二使安西》。全诗为：渭城朝雨浥轻尘，客舍青青柳色新。劝君更尽一杯酒，西出阳关无故人。意思是：早上的一场春雨沾湿了路上的尘埃，旅店四周青翠的杨柳被雨水冲刷得格外清新葱绿。请你再干一杯饯别酒吧，出了阳关向西而行，就再也没有老朋友了。

王维的这首诗很早就被谱上曲子广泛传唱，被称为《阳关三叠》。同时，这首诗更使阳关名扬千古。

阳关建于汉元封四年（前107年）左右，曾设都尉管理军务，自汉至唐，一直是丝路南道上的必经关隘。

出敦煌市西南行75公里路程即可到达阳关故址——古董滩。1943年向达先生在这里考察时写道："今南湖西北隅有地名古董滩，流沙壅塞，而版筑遗迹以及陶片遍地皆是，且时得古器物如玉器、陶片、古钱之属，其时代自汉以迄唐宋皆具。古董滩遗迹逶迤而北以迄于南湖北面龙首山，俗名红山口下，南北可三四里，东西流沙湮没，广阔不甚可考。"古代阳关向北至玉门关一线有70公里的长城相连，每隔数十里即有烽燧墩台，阳关附近亦有十几座烽燧。

安西，是唐中央政府为统辖西域地区而设的安西都护府的简称，治所在龟兹城（今新疆库车）。这位姓元的友人是奉朝廷的使命前往安西的。唐代从长安往西去的，多在渭城送别。渭城即秦都咸阳故城，在长安西北，渭水北岸。

天长地久有时尽，此恨绵绵无绝期

这句话出自白居易的《长恨歌》。《长恨歌》是一篇长篇叙事诗，所咏的是历史上唐玄宗和杨贵妃的故事。但这样一篇大家喜读熟诵的作品的主题思想究竟是怎样的,古人的评论就有两种截然不同的意见:一种认为这首诗的主题是讽喻,唐汝询在《唐诗解》中说是"讥明皇迷于色而不悟也";另一种则认为它只是在写李、杨的爱情,张邦基在《墨庄漫录》中说,"不过述明皇追怆贵妃始末,无他激扬"。也有人在这两种观点的激烈争论中又产生了双重主题说,即认为该诗既有对明皇的讽刺批判,又有对李、杨爱情的同情歌颂。

白居易大致从青年时代开始一直到四十五岁贬官江州司马之际,对封建君王抱着较大希望,有极高的参政热情。到白居易写《长恨歌》时的唐王朝,政治上的弊病已趋明显,而宪宗又有意重开纳谏之风,对开元、天宝治乱的问题也很关心,比如他曾问与白居易同时期的李绛关于"开元治理,天宝兆乱"的问题(详见《旧唐书》4288页)。可见,当时的政治热点已集中于此。就《长恨歌》本身来说,主要是写唐明皇至国破妃亡之时仍不悟,还要上演"人鬼情未了"的标准爱情悲剧,把一个何等痴情的君皇展现在读者面前。然而正因为他是君主,所以他的"痴情"和"重色"才导致了国家的倾亡。

衰兰送客咸阳道, 天若有情天亦老

这句话出自唐代李贺《金铜仙人辞汉歌》。"天若有情天亦老",作为名句,多少年来,一直在绵延不断地流传着。从一千两百多年前的唐代"长吉鬼才"李贺原创以来,古今以来很多大文学家和伟人都曾经借用过,以此来表达对苍天有情与无情的感慨与感叹。

北宋的石曼卿在赠友联时写道:"天若有情天亦老,月如无恨月常圆。"后来被毛泽东用了,变成:天若有情天亦老,人间正道是沧桑。很多人就以为是毛泽东写的了。

李贺是唐朝宗室的后裔,但早已没落破败,家境贫困。他才华出众,少年时就获诗名,但一生只做了一个执掌祭祀的九品小官,郁郁不得志,穷困潦倒,死时年仅27岁。宋代以来,不少学者、诗人常用"太白仙才,长吉鬼才"来形容唐朝两位著名诗人。宋人钱易曾在《南部新书》中说过这样一番话:"李白为天才绝,白居易为人才绝,李贺为鬼才绝。"与钱易同时代的宋祁也有过"太白仙才,长吉鬼才"的评论,长吉是李贺的字,"鬼才"并非只说他喜欢写神仙鬼魅的题材,而主要是指他的诗想象丰富奇特,意境新颖诡异,富于浪漫主义色彩。

人生几许失意

寻寻觅觅,冷冷清清,凄凄惨惨戚戚

这句话出自李清照的《声声慢》:寻寻觅觅,冷冷清清,凄凄惨惨戚戚。乍暖还寒时候,最难将息。三杯两盏淡酒,怎敌他,晚来风急?雁过也,最伤心,却是旧时相识。满地黄花堆积,憔悴损,如今有谁堪摘?守着窗儿,独自怎生得黑?梧桐更兼细雨,到黄昏、点点滴滴。这次第,怎一个愁字了得?

《声声慢》是李清照后期作品的名篇之一,是历来人们所公认的她的代表作。这首词成功地表现了李清照晚年的精神面貌,是她晚年生活的一幅缩影。全词归结到一个"愁"字上,的确,"愁"字是李清照晚年生活的一个核心,支配着她的思想生活。

李清照的一切遭遇是和当时的社会现实紧密相连的。如果没有金兵入侵,中原沦陷,就不会弄到她家破夫亡,使她过着流离、孤独的寡妇生活。宋钦宗靖康二年(公元1127年)夏五月,徽宗、钦宗二帝被俘,北宋灭亡。李清照夫婿赵明诚于当年三月,奔母丧南下金陵。建炎三年(公元1129年)八月,赵明诚因病去世,这年李清照四十六岁。金兵入侵浙东、浙西,李清照避难奔走,他们精心收集的金石书画,都已散失,所有积蓄丧失殆尽。绍兴二年(公元1132年),李清照再嫁张汝舟,但遇人不淑,很快离异。李清照无儿女,晚年孑然一身,寄人篱下,孤寂而死。

《声声慢》这首词,就是李清照身经上述国破、家亡、夫死、遇人不淑等不幸遭遇,以及颠沛流离、孤苦无依的反映。

朱门酒肉臭,路有冻死骨

这句话出自唐代杜甫《自京赴奉先县咏怀五百字》。全诗为:"杜陵

有布衣，老大意转拙。许身一何愚，窃比稷与契。居然成濩落，白首甘契阔。盖棺事则已，此志常觊豁。穷年忧黎元，叹息肠内热。……暖客貂鼠裘，悲管逐清瑟。劝客驼蹄羹，霜橙压香橘。朱门酒肉臭，路有冻死骨……"

这首诗充分显示了杜甫"诗史"的特点，不愧为一篇具有划时代意义的现实主义杰作。此诗作于唐玄宗天宝十四载（755年）的农历十一月，此时杜甫饱经磨难，小儿子饿死。这一年十一月九日，安禄山的反书到长安，战乱迫在眉睫，唐明皇却还在华清宫拥着杨贵妃作乐。此诗记杜甫凌晨经过骊山，为唐明皇高枕浑不知忧而嗟叹。

清明时节雨纷纷，路上行人欲断魂

这句话出自杜牧的《清明》："清明时节雨纷纷，路上行人欲断魂。借问酒家何处有？牧童遥指杏花村。"

只要一到清明，人们挂在口头上最多的恐怕就属这首诗了吧。他的这首《清明》可谓家喻户晓，脍炙人口。但在杜牧的《樊川诗集》《别集》中却没有收录，《全唐诗》中也未收录。后来的一些专家和学者，大都肯定它是杜牧的作品。《江南通志》载：杜牧任池州刺史时，曾到过杏花村饮酒，诗中杏花村指此。本诗写一个离乡在外的"行人"，在春雨绵绵的清明时节欲借酒浇愁的心情。诗中的景物构成了一幅情趣盎然的"清明烟雨画"。

后人曾经把这首诗进行多种多样的修改，使其变成不同的诗甚至词。其中有人觉得原诗啰唆，就把它改成：清明雨纷纷，行人欲断魂。酒家何处有？遥指杏花村。读来虽然缺少原诗的韵味，但确实简洁明快。

本诗在1992年香港"唐诗十佳"评选中，被评为第二佳。

正是江南好风景，落花时节又逢君。

这句话出自唐代杜甫《江南逢李龟年》。全诗为："岐王宅里寻常见，崔九堂前几度闻。正是江南好风景，落花时节又逢君。"

李龟年是唐朝开元年间著名的音乐家。杜甫初逢李龟年时正是少年时，而整个时代正是所谓的"开元盛世"。当时的王公贵族都比较喜欢文艺。杜甫和李龟年都是作为杰出的艺术家而受到这些王公贵族的礼遇的。

　　诗中的岐王指的是李范，崔九指的是殿中监崔涤。彼此都经历了那场天翻地覆的大动乱，国家的不幸，个人的遭遇，身世的飘零，一个老诗人，一个老音乐家，在这个乱花缤纷的时节重逢了。风景依旧，但是人老了，世事也变了。《世说新语》里有一句话：风景不殊，正自有山河之异。意思是说，风景还是原来的风景，国家却不是原来的国家了。用这句话来形容这两位老朋友此时的心境再恰当不过。

　　对于这首诗还有另一种解释。清朝学者王嗣奭这样解释这首诗的后两句，他说，落花时节正是伤春的时节，在这样的时候遇到故人，所以才成了好风景。就是说后两句是倒叙手法，如果翻译成现代汉语就是：江南正是好风景呵，为什么是好风景呢？因为在这时候遇见了李龟年。这也不失为一种有趣的解释。

问君能有几多愁，恰似一江春水向东流

　　这句话出自李煜的《虞美人》："春花秋月何时了，往事知多少。小楼昨夜又东风，故国不堪回首月明中。雕阑玉砌应犹在，只是朱颜改。问君能有几多愁，恰似一江春水向东流。"

　　李煜是南唐后主，宋开宝七年（974年），宋太祖屡次遣人诏其北上，李煜都推辞不去。同年十月，宋兵南下攻金陵。第二年十一月城破，后主肉袒出降，被俘到汴京，封违命侯。宋太宗即位后，进封陇西郡公。《虞美人》是李煜的代表作，也是李后主的绝命词。太平兴国三年（978年）七夕是他四十二岁生日，相传他于自己生日之夜（七夕），在寓所命歌妓作乐，唱新作《虞美人》词，声闻于外。宋太宗闻之大怒，命人赐药酒，将他毒死。追封吴王，葬洛阳邙山。

拣尽寒枝不肯栖，寂寞沙洲冷

　　这句话出自苏轼《卜算子》："缺月挂疏桐，漏断人初静。谁见幽人独往来？缥缈孤鸿影。惊起却回头，有恨无人省。拣尽寒枝不肯栖，寂寞沙洲冷。"

　　清人张惠言《词选》卷一引鲖阳居士对这首词的解释："惊鸿，贤人

不安也；回头，爱君不忘也；无人省，君不察也；拣尽寒枝不肯栖，不偷安于高位也；寂寞沙洲冷，非所安也。"黄庭坚《山谷题跋》评此词说："语意高妙，似非吃烟火食人语，非胸中有万卷书，笔下无一点尘俗气，孰能至此！"评价可谓甚高。可见苏轼此词充分体现了其在创作上的天才纵横之气。

这首词的主旨历来说法不一，有人认为是为姓王的女子而作，有人认为是为温都监女作，即这是一首爱情词；但也有人认为是作者对现实不满，抒发愤懑之情的；还有人认为这首词是写作者的寂寞之情的。

本篇是苏轼于元丰五年（1082年）十二月在黄州所作。苏轼因所谓的"乌台诗案"，被贬为黄州团练副使。苏轼自元丰三年（1080年）二月至黄州，至元丰七年（1084年）六月移汝州，在黄州贬所居住四年多。

苦恨年年压金线， 为他人作嫁衣裳

这句话出自唐代秦韬玉《贫女》，意思是要每天压线刺绣，不停息地为别人做出嫁的衣裳。全诗为："蓬门未识绮罗香，拟托良媒益自伤，谁爱风流高格调，共怜时世俭梳妆，敢将十指夸针巧，不把双眉斗画长。苦恨年年压金线，为他人作嫁衣裳。"

"为他人作嫁衣裳"是千古名句。在《三国演义》中，赤壁之战后刘备取得了荆州，实际上就是周瑜"为他人作嫁衣裳"的结果。

208年11月，周瑜率领的大军于赤壁击败曹操，又逆江西进，占领沿江各重要城市（包括入川的门户夷陵），包围江陵，与曹仁展开激烈的争夺战。起初，刘备、周瑜追击曹操，一起向南郡进攻，周瑜、程普率领几万人马与驻守江陵的曹操大将曹仁隔江对峙。双方相持不下。周瑜部将甘宁率兵西上，想先取夷陵，结果被曹仁派兵包围，形势危急。周瑜、程普亲自前去解围，大破曹军，得胜而归。周瑜一鼓作气渡过长江，驻兵北岸，对江陵形成包围之势，与曹仁进一步相持。经过多次激战，曹军伤亡惨重，曹仁不得不放弃江陵北走。

208年12月，刘备趁江陵大战，周瑜无暇南顾之机，率部南下抢占四郡（长沙、桂阳、武陵、零陵）的地盘。

在《三国演义》中，诸葛亮和周瑜斗智斗勇，也大都围绕着荆州展开,包括后来周瑜被气死,很大程度上是因为他认为自己是"为他人作嫁衣裳"。

痛定思痛,痛何如哉

这句话出自文天祥《指南录后序》。原句为:"死生,昼夜事也,死而死矣,而境界危恶,层见错出,非人世所堪。痛定思痛,痛何如哉!"

意思是:唉!死和生,不过是昼夜之间的事罢了,死就死了,可是像我这样境界险恶,坏事层叠交错涌现,实在不是人世间所能忍受的。痛苦过去以后,再去追思当时的痛苦,那是何等的悲痛啊!

公元1275年,元朝军队兵临南宋都城临安城下,南宋形势十分危急。右丞相文天祥毅然辞去官职,主动请求以资政殿学士的身份前往元军的军营探察情况。文天祥到了元军军营中之后,慷慨激昂地怒斥了元军入侵的罪行。元军统帅伯颜十分钦佩文天祥,想劝他投降,被文天祥严词拒绝。伯颜无奈,于是又强迫文天祥前往元朝的京城大都。当船行驶到京口时,文天祥乘敌人没有防备,坐上一条小船逃走了。文天祥想火速向南宋军禀告元军的情况,但驻守扬州的淮东边帅李庭芝认为文天祥已投降元军,于是下令将他逮捕。文天祥不得已只得绕过扬子江口,辗转来到永嘉,最后到了福州。

多年以后,文天祥在狱中痛定思痛时,更深刻地明白了开庆元年(1259年)他提出改革军政方案的《己未上皇帝书》不被采纳并不是他个人的不幸。他只不过丧失了在仕途中崛起的第一个机会,而大宋却丧失了它自救的最后一个机会。

长恨此身非我有,何时忘却营营

这句话出自苏轼《临江仙夜归临皋》:"夜饮东坡醒复醉,归来仿佛三更。家童鼻息已雷鸣。敲门都不应,倚杖听江声。长恨此身非我有,何时忘却营营?夜阑风静縠纹平。小舟从此逝,江海寄馀生。"

这首词是苏轼于宋神宗元丰五年(1082年)九月作于黄州。苏轼于宋神宗元丰二年(1079年)因有名的"乌台诗案"被捕下狱,经多方营救,最后贬至黄州(今湖北省黄冈)任团练副使。元丰七年(1084年)

由黄州贬所改迁汝州（今在河南临汝）团练副使。

词中的东坡，本为黄州城东的旧营地。作者于本年春在此开荒植树，仰慕白居易在四川忠州东坡躬耕之事，遂名此地为"东坡"，并取以为号。

在苏轼现存的362首词作中，"归"字竟出现105次。李泽厚先生在《美的历程》中说："苏轼一生并未退隐，也从未真正'归田'，但他通过诗文所表达出来的那种人生空漠之感，却比前人任何口头上或事实上的'退隐''归田''遁世'要更深刻、更沉重。因为，苏轼诗文中所表达出来的这种'退隐'心绪，已不只是对政治的退避，而是一种对社会的退避。"

相传当地官吏看了这首词后，看见其中有"小舟从此逝，江海寄馀生"的句子，大为惊慌，怕苏轼真的逃走。

同是天涯沦落人，相逢何必曾相识

这句话出自唐代白居易的《琵琶行》。诗前的序交代了这首诗的写作背景：元和十年（815年），我（白居易）被贬到九江当司马。第二年秋季的一个夜晚，到湓浦口送一个朋友，听见船中有人弹琵琶，那声音，铮铮纵纵，很有京城里的韵味。问那个人，才知道她原来是长安歌伎，曾经跟曹、穆两位名师学弹琵琶，年纪渐大，姿色衰退，只好给一个商人当老婆。我便吩咐摆酒，让她畅快地弹几只曲了。她弹奏完毕，十分忧伤。叙述了年轻时候的欢乐情景；可是如今呢，飘零憔悴，在江湖中间辗转流离！我从京城里贬出来，已有两年，心情平静，安于现状。听了她的话，这天晚上，才感觉到被贬谪的味道，因而作了这首长诗送给她，共计六百一十二字（实际上全诗是六百一十六字），叫做《琵琶行》。

白居易也曾遭诬陷被贬，对于她的处境和心情，自然十分了解、十分同情。从白居易元和十年被贬，离开长安去江州，到元和十三年（1818年）十二月，从江州改任忠州刺史，至少在这一段时间内，他一天也没有忘记过被贬的事，"同是天涯沦落人，相逢何必曾相识"就是他对琵琶女同情的写照。

人生到处知何似？应似飞鸿踏雪泥

这句话出自苏轼的《和子由渑池怀旧》："人生到处知何似？应似飞

鸿踏雪泥；泥上偶然留爪印，鸿飞那复计东西。老僧已死成新塔，坏壁无由见旧题。往日崎岖君记否；路长人困蹇驴嘶。"

苏轼的弟弟苏辙（字子由）曾写了一首《渑池怀旧》诗，苏轼就以上面这首诗和他。

苏轼和苏辙兄弟俩，曾到过渑池，也就是今天河南渑池县，在洛阳之西，崤山之东。他们曾在那儿的一所寺院里住宿过，寺院里的老和尚奉闲还殷勤地招待他们，他们也在寺内的壁上题过诗。当苏轼后来从苏辙的怀旧诗中回忆起这些情景的时候，奉闲已经去世，题诗的墙壁也可能已经坏了，想想自己漂流不定的行踪，不由得感慨起来。

苏轼的这首诗对后世影响很大，有时人们也把留作纪念的题赠诗文，称为"雪泥鸿爪"。元朝戴良有首诗中就写道："世事已成鸿印泥。"

无可奈何花落去，似曾相识燕归来，小园香径独徘徊

这句话出自晏殊《浣溪沙》春恨词："一曲新词酒一杯，去年天气旧亭台。夕阳西下几时回？无可奈何花落去，似曾相识燕归来。小园香径独徘徊。"

这首词是晏殊的名作之一，基本上代表了晏殊的艺术风格。然而此词之所以流传千古，精华还在"无可奈何花落去，似曾相识燕归来"一联。

这一联基本上用虚字构成，所以卓人月在《词统》中论及此联时，说"实处易工，虚处难工，对法之妙无两"。钱钟书在《谈艺录》中也说，所谓"律之对仗，乃撮合语言，配成眷属。愈能使不类为类，愈见诗人心手之妙"。

关于此联的由来，还有一个传说：

一次，晏殊来到维扬，住在大明寺中。他转来转去，忽然发现墙上有一首诗写得很好，可惜没有作者的姓名。晏殊多方询问，终于打听到这首诗的作者名叫王琪，家就在大明寺附近。由于晏殊从诗句中发现王琪文学修养较高，很会写诗，所以，他立即找到王琪，一同探讨诗文。

王琪也发现晏殊善于赏诗论文，态度还很谦虚；晏殊见王琪性格开朗，言谈投机，又请王琪入席用餐。二人边吃边谈，心情特别舒畅，饭

后,又一同到池边游玩。晏殊望着晚春落花,随口说道:"我想了个诗句写在墙上,已经想了一年,还是对不出来。"那个句子是:无可奈何花落去。王琪思索了一下,不慌不忙地对道:似曾相识燕归来。于是就有了这千古名句。

男儿热血,英雄豪情

高山仰止,景行行止

这句话出自《诗经·小雅·车辖》,意思是,高山仰视得见,远路行走得到。指有高尚道德者而仰慕之。司马迁《史记·孔子世家》专门引以赞美孔子:"《诗》有之:'高山仰止,景行行止。'虽不能至,然心向往之。"

司马迁用这句话恰如其分地赞美了孔子,今天我们完全可以用这句话来赞美周恩来总理。1976年初的时候,与中国建交的国家只有103个,但周总理逝世的时候,却有130个国家的党、政领导人发来唁电、唁函;几乎所有重要国家的报纸、电台都在第一时间播报了这一消息;更让世人瞩目的是,1976年1月8日,周恩来逝世时,设在美国纽约的联合国总部门前的联合国旗降了半旗。

风萧萧兮易水寒,壮士一去兮不复还

这句话出自《战国策·荆轲刺秦王》。

《易水歌》就两句,《史记·刺客列传》中也有引用。

这个故事说的是:在秦国做人质的燕太子丹逃回了燕国。太子忧虑燕国的前途,于是去向田光请教。田光说:"如今我的精力已经衰竭了。虽然这么说,我不敢因此耽误国事。我的好朋友荆轲可以担当这个使命。"

后来,太子见到荆轲说:"如今秦国贪得无厌,野心十足,如果不把天下的土地全部占为己有,不使各诸侯全部成为自己的臣下,它是不会满足的。我私下考虑如果能得到天下最勇敢的人出使秦国,用重利引诱

秦王，秦王贪图这些厚礼，我们就一定能如愿以偿了。如果能劫持秦王，让他归还侵占的全部诸侯土地，就像当年曹沫劫持齐桓公那样，那就好了；如果秦王不答应，那就杀死他。"

荆轲说："这是国家大事，我才能低下，恐怕不能胜任。"太子上前叩头，坚决请求荆轲不要推辞，荆轲这才答应下来。

临去秦国那天，太子以及知道这件事的宾客，都身穿白衣、头戴白帽来为荆轲送行。到了易水岸边，祭祀完路神，就要上路。这时，高渐离击起了筑乐，荆轲和着曲调唱起歌来，歌声凄厉悲怆，人们听了都流下眼泪。荆轲又踱上前唱道："风萧萧兮易水寒，壮士一去兮不复还！"接着乐音又变作慷慨激昂的羽声，人们听得虎目圆瞪，怒发冲冠。

荆轲到秦国刺杀秦王没有成功，后来，荆轲的好友高渐离利用击筑的机会见到秦始皇，他用筑投击秦始皇，想为燕国报仇，结果没有击中，反被杀死。

黄沙百战穿金甲， 不破楼兰终不还

这句话出自王昌龄《从军行》的第四首（共七首）。全诗为："青海长云暗雪山，孤城遥望玉门关。黄沙百战穿金甲，不破楼兰终不还。"

这里需要指出的是楼兰，楼兰名称最早见于《史记》。《史记·匈奴列传》记载，大约在公元前3世纪时，楼兰人建立了国家，当时楼兰受月氏统治。公元前177年至公元前176年，匈奴打败了月氏，楼兰又为匈奴所辖。《汉书·傅介子传》记载：西汉时，楼兰国与匈奴联合，屡次刺杀汉朝派往西域的使臣。汉遣傅介子到楼兰，刺杀安归，立尉屠耆为王，改国名为鄯善。其后汉政府常遣吏卒在楼兰城故地屯田，自玉门关至楼兰，沿途设置烽燧亭障。魏晋及前凉时期，楼兰城成为西域长史治所。

距今约1600年前，楼兰国消失，只留下处古城遗迹。楼兰王国最早的发现者是瑞典探险家斯文·赫定。楼兰文化堪称世界之最的人文景观。据考古学家证实：塔里木河盆地人类活动已有一万年以上的历史。在人类历史上，楼兰是个充满了神秘色彩的名字。它曾经有过的辉煌，形成了它在世界文化史上的特殊地位。

出师一表真名世， 千载谁堪伯仲间

这句话出自宋朝陆游的《书愤》，意思是《出师表》这篇文章真是举世闻名，千载以来谁能与诸葛亮相提并论？全诗为："早岁哪知世事艰，中原北望气如山。楼船雪夜瓜洲渡，铁马秋风大散关。塞上长城空自许，镜中衰鬓已先斑。出师一表真名世，千载谁堪伯仲间。"最后两句是以历史上诸葛亮的故事自励，全诗整体上是一首抚今追昔之作。

其中所追忆的是刘锜等曾乘着高大的战舰在雪夜里大破金兵于瓜州渡口，吴璘等也曾骑着披甲的战马在秋风中大败金兵于大散关。

刘锜等雪夜里大破金兵于瓜州渡口说的是金军统帅完颜亮领军东进，寻求在瓜州渡江。完颜亮兵进淮东，在虞允文意料之中，于是请求李显忠分兵给自己，前去防守镇江，刘锜等共同在瓜州渡口大破金兵。李捧率一万六千人及部分战船去镇江与虞允文会合。同时叶义问命杨存中也来镇江协同防守。金兵知道宋军已经有所防备，于是撤退，金兀术不甘心，又去进攻和尚原，吴玠与弟弟吴璘在夜里伏击金兵，大败金兵。金兀术也被流箭击中，侥幸逃命。

拼得十万头颅血， 须把乾坤力转回

这句话出自秋瑾《黄海舟中日人索句并见日俄战争地图》，这句话是说不怕流血牺牲，要把国家贫穷落后的面貌改变过来。全诗为："万里乘云去复来，只身东海挟春雷。忍看图画移颜色，肯使江山付劫灰。浊酒不消忧国泪，救时应仗出群才。拼将十万头颅血，须把乾坤力挽回。"

日俄战争是指 1904~1905 年间（清光绪三十年至三十一年），日本与沙皇俄国为了侵占中国东北和朝鲜，在中国东北的土地上进行了一场帝国主义战争。

中日甲午战争之后，日本军国主义的侵略野心更大了，疯狂推行其侵略中国、吞并朝鲜的"大陆政策"。沙俄为获得不冻港旅顺，控制我国东北地区，联合法、德对日施压，最后中国给日本白银 3000 万两作为"赎辽费"赎回辽东半岛，史称"三国干涉还辽"。对此，日本怀恨在心，伺机报复。1904 年 2 月 8 日派遣海军偷袭停泊在旅顺港外的沙俄太平洋舰队，并击沉在朝鲜仁川的俄国军舰。日俄两国遂于2月10日同时宣战。

1905年5月27日至28日，远道赶来增援的俄国波罗的海舰队在对马海峡同东乡平八郎率领的日本联合舰队进行了大规模海战（即对马海战），俄国舰队几乎全军覆没。当时俄国因国内爆发革命，无心再战；日本由于战争消耗，也急欲结束战争。1905年9月5日，日俄两国在美国签订了《朴次茅斯和约》，背着中国，擅自在中国东北划分"势力范围"。日俄订约后，日本又强迫清政府承认《朴次茅斯和约》中有关中国的各项规定，并取得经营安（东）奉（天）路、修筑长春到吉林的铁路以及在鸭绿江右岸伐木等权利，又开放东三省十六处为商埠。这首诗就是秋瑾在看到日俄战争地图中中国的屈辱后有感而作。

春风得意马蹄疾，一日看尽长安花

这句话出自唐朝孟郊的《登科后》。

唐朝著名的诗人孟郊出身贫苦，从小勤奋好学，很有才华。但是，他的仕途却一直很不顺利，从青年到壮年，好几次参加进士考试都落了榜。

唐德宗贞元十三年（公元797年），孟郊又赴京参加了一次进士考试。这次，他进士及第了，而这时，他也已经46岁了。他高兴地作了一首《登科后》的绝句，表达他当时愉快的心情：

昔日龌龊不足夸，今朝旷荡恩无涯；

春风得意马蹄疾，一日看尽长安花。

这首诗的意思是：过去那种穷困窘迫的生活是没有什么值得夸耀的，今天我高中了进士，才真正感到皇恩浩荡；我愉快地骑着马儿奔驰在春风里，一天的时间就把长安城的美景全看完了。这首诗把诗人中了进士后的喜悦心情表现得淋漓尽致，其中"春风得意马蹄疾，一日看尽长安花"成为千古名句。

醉卧沙场君莫笑，古来征战几人回

这句话出自唐朝王翰的《凉州词》，意思是：就是醉卧在沙场上，也请诸君不要笑话，古来出外打仗的能有几人返回家乡？全诗为：葡萄美酒夜光杯，欲饮琵琶马上催。醉卧沙场君莫笑，古来征战几人回。

这首诗是写沙场上的豪饮。李锳在《诗法易简录》中说这首诗："意甚沉痛，而措辞含蓄，斯为绝句正宗。"施补华在《岘佣说诗》中说这首诗："作悲伤语读便浅，作谐谑语读便妙，在学人领悟。"然就此两句看，应该说在豪放中寓有旷达。闭目凝想，我们眼前仿佛出现了一个放浪形骸、视死如归的奇男子形象。在唐代，有一批诗人十分擅长描写边塞征战生活，形成了所谓的"边塞诗派"，后人称这些诗人为"边塞诗人"。这首诗就是其中的代表。

名句里的为人之道

克己复礼曰仁

不戚戚于贫贱，不汲汲于富贵

意思是：不因为贫贱而感到忧愁，不急于追求富贵。这句话出自东晋陶渊明的《五柳先生传》。

这句话是对陶渊明自身的写照，而颜回更是"不戚戚于贫贱，不汲汲于富贵"的典型。孔子曾经赞叹颜回说："一箪食，一瓢饮，在陋巷，人不堪其忧，回也不改其乐。贤哉回也！"

孔子这句话是说颜回的生活简单。所谓的"一箪食"，就是只有一个"便当"。古代的"便当"就是煮好的饭，放在竹子编的器皿里。"一瓢饮"，是说颜回就只是喝一点点冷水。住在陋巷中，生活是如此艰苦，任何人处于这种环境，都会吃不消的。可是颜回仍然自得其乐。真是"不戚戚于贫贱，不汲汲于富贵"的典型。

见贤思齐焉，见不贤而内自省也

这句话出自《论语·里仁十七》，子曰："见贤思齐焉，见不贤而内自省也。"意思是：见到贤人，就应该向他学习、看齐，见到不贤的人，就应该自我反省（自己有没有与他相类似的错误）。

这个道理在唐代著名书法家柳公权身上有很好的体现。柳公权小时候自以为写得一手好字，所以经常在人前夸耀。有一天，柳公权和几个小伙伴举行"书会"。这时，一个卖豆腐的老人看到他写的几个字"会写飞凤家，敢在人前夸"，觉得这孩子太骄傲了，便皱皱眉头，说："这字写得并不好,好像我的豆腐一样,没筋没骨,还值得在人前夸吗?"小公权一听,不高兴地说:"有本事,你写几个字让我看看。"

老人说:"我是一个粗人,写不好。可是,你到华京城看看去吧。人家有人用脚都写得比你好得多呢!"

第二天一大早,小公权独自去了华京城。到了那里后,他看见一棵大槐树下一个没有双臂的黑瘦老头赤着双脚,坐在地上,左脚压纸,右脚夹笔,正挥洒自如地写对联,字迹"似群马奔腾、龙飞凤舞"。他看得目瞪口呆,"扑通"一声跪在老人面前,说:"我愿意拜您为师,请您告诉我写字的秘诀⋯⋯"老人用脚拉起小公权说:"我生来没手,只得靠脚混口饭吃,怎么能为人师表呢?"后来,小公权苦苦哀求,老人才在地上铺了一张纸,用右脚写了几个字:"写尽八缸水,砚染涝池黑;博取百家长,始得龙凤飞。"

正是由于柳公权能见贤思齐,所以他把老人的话牢记在心,从此发奋练字。经过苦练,柳公权终于成为我国著名的书法家。

吾日三省吾身

出自《论语》,原句是曾子曰:"吾日三省吾身:为人谋而不忠乎?与朋友交而不信乎?传不习乎?"意思就是曾子说:"我每天都多次反省自己:为人家做事,有没有尽心竭力?和朋友交往,有没有诚实守信?老师教我的东西,有没有反复练习直到掌握呢?"

"反省"一直是古人提高自己修养的重要方法,曾国藩就是这方面的典型。曾国藩,原名子城,字伯函,派名传豫。他青年时代立志安邦定国,做"国之藩篱",而改名为"国藩"。

曾国藩每天都写日记,其中记载了不少个人的一些过苛过细的自责。他在日记里,从青年时代起,按照京师唐鉴、倭仁帮他制定的"日课十二条",每日自修、自省、自律,即使以后成为高官显贵之后,也从不停止。他曾经在日记中写道:"一切事都必须检查,一天不检查,日后补救就困难了,何况是修德做大事业这样的事!"直到临死的前一日他才停止写日记。曾国藩正是在逐日检点、事事检点的自律自省中,一步一步地走向了事业的成功,走向了人生的辉煌。

自作孽，不可活

这句话出自《孟子·公孙丑上》："《诗》云：'永言配命，自求多福。'《太甲》曰：'天作孽，犹可违。自作孽，不可活。'此之谓也。"

意思是："《诗经》上说：'我们永远要与天命相配行事，则福禄就会自己来。'《太甲》上也说过：'天降的灾害还可以躲避，自作的罪孽，逃也逃不了。'正是这个意思。"

历史上有很多自作孽而导致灭亡的故事。公元前229年，秦国派大将王翦攻赵，赵国派李牧、司马尚抵抗。秦军苦战数月未果，王翦使用"反间之计"，用重金贿赂赵王宠臣郭开，诬陷李牧谋反并将其杀害。三月后王翦大军攻入赵都，赵国灭亡。

檀道济是南朝宋第一名将，屡建奇功，威镇敌酋，多次打败北魏的军队，对宋忠心耿耿。但宋文帝受小人挑拨而将其杀害，北魏得知檀道济被杀，弹冠相庆，次年便长驱直入，抵建康城下，饮马长江。

唐玄宗后期，三镇节度使安禄山以"清君侧"之名起兵范阳，长驱南下。玄宗起用名将高仙芝和封常清，高仙芝和封常清招募的多是不谙军阵的新兵，他们哪是如虎狼的叛军的对手，只好退守潼关天险。但监军边令诚因托高仙芝办事被高仙芝所拒而怀恨在心，便诬奏仙芝无故弃地及减截兵粮，老年昏庸至极的玄宗竟斩高仙芝于阵前，从而军心动摇，结果一败涂地。

明朝袁崇焕作为大明辽东道督师，宁远之战击伤女真胡酋努尔哈赤，坐镇辽东数十年，胡马不敢过锦州，可以说是处于危势的明王朝延喘的最后一根救命稻草，但崇祯帝却中了皇太极并不高明的反间计，很快下令处袁大督师"磔刑"，自毁长城，直接导致了明朝灭亡。

君子之修身也，内正其身，外正其容

意思是说：君子要修身，从内在要端正他的思想，外在要端正他的仪容。

这句话出自《论语》，子路的死就是实践了孔子的这句话。

据《史记·仲尼弟子列传》记载，卫国发生内乱，当时子路和子羔均在卫国做官，子路本来在外面，听说后立即赶了回去，正好遇见子羔出城，子羔对他说："出公去矣，而城已闭，子可还矣，毋空受其害。"而子路却说："食其食者不避其难。"于是进入城中，在平定内乱的厮杀之中，子路受了重伤，而且系在脖子上的帽带也被击断，子路说："君子死而冠不免。"于是，子路系端正自己的帽子而死，被乱兵剁成了肉酱。

战战兢兢，如临深渊，如履薄冰

这句话的意思是：做人做事一辈子总要小心、谨慎，就好像是站在悬崖的边缘一样，就好像是踩在薄薄的冰层上面一样。这句话出自《诗经·小雅·小旻》："战战兢兢，如临深渊，如履薄冰。"

《论语》中曾子也引用了这句话，曾子有疾，召门人弟子曰："启予足，启予手。诗云：'战战兢兢，如临深渊，如履薄冰。'而今而后，吾知免夫！小子！"

曾子一直用"战战兢兢，如临深渊，如履薄冰"的谨慎态度来对待自身的修养，所以，当曾子即将去世时，才有"而今而后，吾知免夫"这种如释重负的感慨。

曾子是孔子的学生，名参，字子舆，孔子曾评价他的这位学生："参也鲁。"

"鲁"就是拙的意思，迟钝，为人老实，因为他的人品和性情，"孔子以为能通孝道，故授之业"，同时孔子还把自己唯一的孙子子思交给曾参做学生。曾参后来编撰了《大学》和《孝经》两部著作，成就非凡。曾参一生，坚守孔子思想，一丝不苟，谨小慎微。据《孔子家语》记载，曾参家里穷困潦倒，却拒绝齐国的聘请和鲁国国君的封邑，身着破衣耕作，拘泥于道德而不近人情，真可谓"战战兢兢，如临深渊，如履薄冰"了。

一沐三握发，一饭三吐哺

这句话出自《史记·鲁周公世家》，说的是周公的故事。

周公就是武王的弟弟周公旦。周武王建立了周王朝以后，过了两年就病死了。他十三岁的儿子姬诵继承王位。那时候，刚建立的周王朝还不太稳固。于是由武王的弟弟周公旦辅助成王掌管国家大事，实际上是代理天子的职权。历史上称为周公。

周公的封地在鲁国，因为他要留在京城处理政事，不能到封地去，就派伯禽代他到鲁国去做国君。伯禽临走的时候，他嘱咐说："我是文王的儿子，武王的弟弟，当今天子的叔叔，我的地位确实很高，但是我每次洗头发的时候，一碰到急事，就马上停止洗发，把头发握在手里去办事；每次吃饭的时候，听说有人求见，我就把来不及咽下的饭菜吐出来，去接见那些求见的人。我这样做，还怕天下的人才不肯到我这儿来呢，你到了鲁国，不过是个国君，可不能骄傲啊！"

这就是"一沐三握发，一饭三吐哺"的典故。后来，曹操在他的诗中有一句"周公吐哺，天下归心"，引用的就是这个典故。

橘生淮南则为橘，生于淮北则为枳。

出自《晏子春秋》，意思是：淮南的橘树移植到淮河以北就变为枳树，比喻环境变了，事物的性质也变了。

这则故事是这样的，齐国派晏子出使楚国，楚王听说这个消息以后说："晏婴是齐国善于辞令的人，现在他要来，我想羞辱他，该用什么办法？"身边的人说："等他到来的时候，我就捆绑一个人在您面前经过，您就说：'这人是干什么的？'我回答说：'是齐国人。'您问：'犯了什么罪？'我回答说：'犯了偷盗罪。'以此来羞辱他。"

晏子来到了楚国，楚王与晏子喝酒，正喝得畅快的时候，两个官吏捆着一个人从堂前走过，楚王故意问："捆着的人是干什么的？"官吏回答："是齐国人，犯了偷盗的罪。"楚王看着晏子说："齐国人就是善于偷盗吗？"晏子离开座位严肃地回答说："我听说过，橘生淮南则为橘，生于淮北则为枳，只是叶子相似，但它们的果实味道不一样。为什么会这样呢？是因为水土不一样。现在人们生长在齐国不偷盗，进入楚国就偷盗，该不会是楚国的水土使人变得善于偷盗吧！"楚王笑着说："圣人是不能跟他开玩笑的，我这样做反而自讨没趣了。"

克己复礼以为仁

这句话的意思是：努力约束自己，使自己的行为符合礼的要求，这样就达到仁的境界了。这句话出自《论语·颜渊》。

原文是：颜渊问仁。子曰："克己复礼为仁。一日克己复礼，天下归仁焉。为仁由己，而由人乎哉？"

说到这里还有一个关于王阳明的小故事，《大学》说："致知在格物。"后来，儒家大多以为是穷致天下事理之义，因此，要求从一般的事理上获得道德的知识。

王阳明早年按照《大学》中的说法，每天夜里到院子里去格竹子的道理。到第七天，就累出病来，连连叹息说圣贤是做不得的。后来才悟出格物这种功夫原来只要在心理上面做。从日用伦常中、从起心动念上入手，通过"克己复礼"，也就是逐渐克服私欲，逐步趋向于仁的境界。

勿以恶小而为之，勿以善小而不为

出自陈寿的《三国志》。

三国时候，刘备为夺回荆州及报关羽被杀之仇，发动了对东吴的战争。结果在夷陵这个地方，被东吴打得大败，全军覆没，损失惨重。刘备退到永安（今四川奉节）驻扎下来。不久，刘备就病倒了，并很快于蜀汉章武三年（223年）四月病危，于是他把诸葛亮从成都召来，对他说："你的才能胜过曹丕十倍，必能安邦定国，完成大业。我的儿子刘禅，才能平庸，如果他可以辅佐就辅佐他，如果他实在无能，你可自取而代之！"诸葛亮流着泪说："陛下这样信任我，我怎敢不竭尽全力辅佐幼主，我愿以死效忠贞之节。"刘备又遗命刘禅："你要像侍奉父亲那样与丞相相处。"并且在遗书中告诫刘禅：只要是"恶"，即使是小恶也不做；只要是善，即使是小善也要做。刘备死后，诸葛亮便肩负起治理国家和复兴汉室的重担，尽心竭力，直到最后病死在五丈原。

非淡泊无以明志，非宁静无以致远

这句话的意思是说：高尚君子的行为，以宁静来提高自身的修养，以节俭来培养自己的品德。不恬静寡欲无法明确志向，不排除外来干扰无法达到远大的目标。这句话出自诸葛亮54岁时写给他8岁儿子诸葛瞻的《诫子书》。全文是："夫君子之行，静以修身，俭以养德。非淡泊以明志，非宁静以致远。夫学须静也，才须学也，非学无以广才，非志无以成学。淫慢则不能励精，险躁则不能治性。年与时驰，意与日去，遂成枯落，多不接世，悲守穷庐，将复何及！"

这既是诸葛亮一生经历的总结，也是他对儿子的要求。

在《三国演义》中，这句话被用作了诸葛亮的草庐的门联。在《三国演义》第37回二顾草庐中，刘、关、张三人跟童子进诸葛亮的草庐，至中门，刘备见门上大书一联"淡泊以明志，宁静以致远"。小说作者以肯定句的形式取代了原来否定的形式，实际是从诸葛亮的《诫子书》中化用而来的。

泰山不让土壤，故能成其大；河海不择细流，故能就其深

这句话的意思是说，泰山因为不拒绝渺小的土壤，才有今天这样的高度；江河因为不拒绝细微的溪流，所以才有这样的深度。

这句话出自李斯的《谏逐客书》，当时，秦王下决心统一六国，韩国怕被秦国灭掉，于是派水工郑国到秦鼓动修建水渠，目的是想削弱秦国的人力和物力。后来，郑国修渠的目的暴露了。这时，东方各国也都派间谍来到秦国做宾客，群臣对外来的客卿议论很大，于是对秦王说："各国来秦国的人，大都是为了他们自己的国家来秦国做破坏工作的，请求大王下令驱逐一切来客。"于是秦王下了逐客令，而李斯也在被逐之列。

就是在这种形式下，李斯给秦王写了一封信，这就是有名的《谏逐客书》。他说："我听说群臣议论逐客，这是不对的。从前秦穆公为求贤人，从西方的戎请来由余，从东方的楚国请来百里奚，从宋国迎来蹇叔，并任用从晋国来的丕豹、公孙支。秦穆公任用了这五个人，才兼并了二十国，称霸西戎。秦孝公重用商鞅，实行新法，移风易俗，国家富强，打败了楚、魏，扩地千里，才有了秦国的强大。正是因为秦惠王用张仪的计谋，拆散了六国的合纵，从而迫使各国服从秦国。秦昭王由于得到了范雎，才削弱了贵戚力量，加强了王权，从而蚕食诸侯，秦成帝业。"其中，在这封信中就有"泰山不让土壤，故能成其大；河海不择细流，故能就其深"这句话。

李斯还在信中反问："为什么这些东西可用而客就要逐？看起来大王

只是看重了一些东西，而对人才却不能重用，其结果是加强了各国的力量，却不利于秦国的统一大业。"

秦王明辨是非，果断地采纳了李斯的建议，立即取消了逐客令，李斯仍然受到重用，被封为廷尉。

后来，人们多用这句话来形容道德修养要从细微处入手，逐渐地培养高尚的美德。

历览前贤国与家，成由勤俭败由奢

出自李商隐的《咏史》。意思是：尽看前朝旧事，成功来自勤俭节约，而奢侈浪费最终会导致国破家亡。教育国人远离奢侈，勤劳朴素，家运国运将永久兴旺。

历史上有很多因为奢侈而亡国的君主，陈叔宝就是一个典型，他是南北朝时期南陈后主，也是陈朝最后一个皇帝。

陈叔宝为东宫太子时就贪酒好色，只因宣帝陈顼管教极严，不敢放肆。他继位后，就无所顾忌了。他认为陈朝的统治固若金汤，无须居安思危。因此，他当政的七年中，大部分时间纵情酒色。

正当陈后主醉生梦死、尽情享乐之时，隋文帝杨坚在统一北方之后，正南下攻陈。

当贺若弼攻京口时，边人告急，叔宝正在饮酒，不予理睬，高颖攻克陈朝宫殿，见告急文书还在床下，连封皮都没有拆。

从善如登，从恶如崩

这句话的意思是：顺随善良像登山一样，顺随恶行像山崩一样，比喻学好很难，学坏极容易。这句话出自《国语·周语下》，原句是："谚曰：'从善如登，从恶如崩。'昔孔甲乱夏，四世而陨；玄王勤商，十有四世而兴。帝甲乱之，七世而陨。后稷勤周，十有五世而兴，幽王乱之，十有四世矣。"

故事讲的是春秋末期，周敬王的王子兴兵作乱，占领了首都洛邑（在今河南洛阳市西）。周敬王逃亡到刘（在今河南偃师县西南），又到滑（在今偃师县南），后来得到晋军的援救，才到达成周（在今洛阳市东北），同洛邑只隔一道瀍水。王子去了楚国，但洛邑还被他的同党控制。周敬王不敢回洛邑，就在成周住下。为了取得诸侯的支持，苌弘派人先到晋国去征求意见。

当时晋国的执政者是正卿魏献子（即魏舒），他同意苌弘的主张，愿意联合诸侯在成周筑城建都。卫国大夫彪傒正好来到这里，听说筑城的事后并不赞成。他对周王的另一卿士单穆公说："苌弘和刘文公的一番苦心，看来是白费了。自从幽王以来，周朝就一代一代地衰弱下来。俗语说'从善如登，从恶如崩'，夏朝从孔甲开始堕落，只有四代就灭亡了，而商朝的兴起，从玄王开始，经过十四代，直到汤王才正式建立。商朝传到帝甲，就开始下坡，也只有七代就垮台了。周朝，从后稷开始积德，到文王取得天下，却经过了十五代。可见向上发展是多么不易，而向下败亡却是很快的。现在，周朝自从幽王走入邪路以来，已经十四代了，难道还能挽救吗？"

后来，"从善如登，从恶如崩"这句话就流传开了。

君子风范

君子之交淡若水，小人之交甘若醴

这句话的意思是：君子间的交往像水一样清淡，小人间的交往像甜酒一样甘浓。这句话出自《庄子》。

关于这句话还有一个典故：

唐贞观年间，薛仁贵尚未得志之前，与妻子住在一个破窑洞中，衣食无着无落，全靠王茂生夫妇接济。后来，薛仁贵参军，在跟随唐太宗东征时，因平辽功劳特别大，被封为"平辽王"。一登龙门，身价百倍，自然前来王府送礼祝贺的文武大臣络绎不绝，可都被薛仁贵婉言谢绝了，只收下了普通老百姓王茂生送来的两坛美酒。可是一打开酒坛，负责启封的执事官吓得面如土色，因为坛中装的不是美酒而是清水！众人都说这人戏弄王爷，应该重重地惩罚他！岂料薛仁贵听了，不但没有生气，反而命令执事官取来大碗，当众饮下三大碗清水。在场的文武百官不解其意，薛仁贵喝完之后说："我过去落难时，全靠王兄弟夫妇资助，没有他们，就没有我今天的荣华富贵。如今我收下王兄弟送来的清水，因为我知道王兄贫寒，没有厚礼，送清水也是王兄的一番美意，这就叫'君子之交淡如水'。""君子之交淡如水"的佳话也就流传了下来。

鞠躬尽瘁，死而后已

语出诸葛亮《后出师表》，意思是：谦恭谨慎，竭尽全力，一直到死才罢休。

汉末，曹丕废掉汉献帝，改国号为魏，自己做了皇帝，即魏文帝。而占据四川一带的刘备，也宣告登基，刘备以诸葛亮为丞相，定都成都。于是，连同江南（江东）的东吴，就正式出现了魏、蜀、吴三国鼎立的局面。

不久，刘备去世，刘备的儿子刘禅袭位。诸葛亮继续任丞相，并受封为武乡侯，蜀国一切军政大权都掌握在他手里。诸葛亮一贯主张联吴伐魏，于是他仍然一面和东吴结好，一面南征孟获，平定南中诸郡，然后充实军备，练兵习武，积极准备北伐魏国。出兵的时候，曾上表刘禅，力劝听信忠言，任用贤臣，这就是后来流传千古的《前出师表》。可是这次北伐，没有成功。过了一些时候，诸葛亮又发动了第三次北伐，当时蜀国臣子官员中，有很多人反对北伐，诸葛亮因此又上一表，分析当时局势，说明蜀汉与曹魏势不两立，必须北伐。这就是后来和《前出师表》同样流传的《后出师表》。《后出师表》最后有一句道："臣鞠躬尽瘁，死而后已……"诸葛亮最后病死在五丈原，以他的行动实践了他这句话。

酌贪泉而觉爽，处涸辙以犹欢

出自唐朝王勃的《滕王阁序》。两句的字面意思是即使喝贪泉中的水仍觉着神清气爽，身在即将干涸的车辙中也是欢乐无比。

据史料记载，贪泉，地处广州北郊30里的石门镇。传说人饮此水，便变得贪得无厌，故名。当年孔子路过贪泉时饥渴无比，可是仍然不肯喝一口泉水，因为嫌它的名字不好。西晋时，朝廷派往广州的几任官员，差不多都以经济犯罪而被撤职查办，人们传说他们是因为喝了贪泉的水。

后来，朝廷派去一位廉洁的名吏吴隐之任广州刺史，到任之日，他领随从来到贪泉边，对僚属们说："不见可欲，使心不乱，越岭丧清，吾知之矣。"说毕，拿起水瓢，酌而饮之，并赋诗一首："古人云此水，一歃怀千金。试使夷齐饮，终当不易心。"

事实证明，吴隐之自身的品行戳穿了世俗的谎言，他在广州任职多年，廉洁奉公，一尘不染。手下的人给他做去骨的鱼吃，他大发雷霆；有人私下给他夫人送去一斤沉香，他训斥妻子，顺手把贵重的沉香抛入湖中，并查办了这个送礼人。

先天下之忧而忧，后天下之乐而乐

出自宋朝范仲淹的《岳阳楼记》。意思是：在天下人忧之前忧，在天下人乐之后而乐。

宋仁宗庆历五年（1045年），范仲淹因提出的政治改革主张，触动了朝廷中保守派的利益，被贬放邓州。第二年六月，谪守巴陵的好友滕子京重修岳阳楼行将落成，函请范仲淹作记，并附上《洞庭晚秋图》。千古名篇《岳阳楼记》就是在这年九月十五日写成的。滕子京认为"楼观非有文字称记者不为久，文字非出于雄才钜卿者不成著"，滕王阁等著名楼观之所以历经修缮，就是因为它们有著名的记。

滕子京称颂范仲淹"文章器业，凛凛然为天下之时望，又雅意在山水之好，每观送行还远之什，未尝不神游物外，而心与景接"，希望范仲淹"戎务鲜退，经略暇日，少吐金石之论，发挥此景之美"，以使之传之久远。

滕子京请范仲淹写《岳阳楼记》，本来就没有要求范仲淹亲自去岳州跑一趟。所以，他在信中详细介绍了岳阳楼的历史，并附上《洞庭晚秋图》，因此范仲淹没有去岳州而在邓州写下了《岳阳楼记》。其中的"先天下之忧而忧，后天下之乐而乐"作为千古名句被传诵开来。

受人之托，忠人之事

出自高则试的《琵琶记》，意思是别人托付的事，要尽心竭力地去办。

汉代的张良就是因为能够"忠人之事"，而被传授兵法，最终成为秦末汉初的风云人物。

公元前218年春，秦始皇东游到博浪沙，张良为报国破家亡的仇恨，雇力士仓海君椎秦，不想误中副车，失败以后，便隐居于江苏下坯。

一日，张良在沂水河遇到一位老翁，这老翁见张良走过来，有意将脚上的鞋子（古时称"履"）坠落桥下，对张良喊道："孺子，把鞋给我捡上来！"张良非常生气。但又看老人这么一大把年纪，一定是自己不能下去，便强忍着怒气，下桥去把鞋捡了上来。不料老翁又叫张良把鞋给他穿上。张良心想，既然已经捡上来了，穿一下倒也没什么，就恭恭敬敬地帮老翁把鞋穿上。老翁笑了笑对张良说："五天以后天明来此桥相会。"说罢走了。

第五天天刚亮，张良就来到这座桥上。老翁已先到了，生气地对张良说："与老人家约会怎敢迟到？"又过了五天，张良起了个早，赶到桥上，不料老人又先到了，老人说："你又比我晚到，过五天再来。"又过了五天，张良下决心这次一定比老人早到，于是他刚过半夜就摸黑来到桥上等候。天蒙蒙亮时，他看到老人一步一挪地走上桥来，赶忙上前搀扶。

老人看见张良如此守信，这才高兴地说："孺子可教也。"说着，老人拿出一部《太公兵法》交给张良，说："你要下苦工钻研这部书。钻研透了，以后可以做帝王的老师。"《太公兵法》传说是姜子牙辅佐周武王消灭商纣时所著的兵书，秦始皇吞并六国时，有人将此书带至深山隐藏起来。张良得此书以后，在下坯苦读十年，待学有成后，帮助刘邦取得了天下。

天知地知，你知我知

出自《后汉书》，这句话原来的意思是："天知，地知，我知，你知，不能说没有人知道！"现在多指天地间只有你我两人才知道这个秘密，不能对别人说。

这句话说的是东汉时杨震的故事。东汉时大将军邓骘听说杨震德才兼备，就征召他，举荐他为茂才。经过四次升迁，杨震做了荆州刺史、东莱太守，当他去东莱上任的时候，路过昌邑，原来由杨震所推荐为茂才的王密时任昌邑县的县令，（为了感谢杨震的知遇之恩）他前来拜见，晚上悄悄去拜访杨震，并带了许多金子作为礼物。王密送这样的重礼，一是对杨震过去的荐举表示感谢，二是想贿赂一下这位老上司，以后让他多加关照自己。杨震拒收礼物，说："故人知君，君不知故人，何也？"王密以为杨震假装生气，便道："暮夜无知者。"杨震生气了，说："天知、地知、你知、我知，怎说不知！"王密羞愧地走了。

后来，杨震被调为涿州太守。他品性公正廉洁，不接受私下的拜见。子孙常常只食用蔬食，出行步行，杨震经常对人说："使后世的人称他们为清白官吏的子孙，把这个节操留给他们，就是给他们的最宝贵的财富。"因此，他死后家境依然清贫，没有为后代留下一点产业。

以约失之者鲜矣

出自《论语·里仁篇》。意思是：内心有所约制，而在社会上还经常有过失的人不多。

司马光一生忠孝节义、恭俭正直，正是内心约制自己的典型，他安居有法、行事有礼。此外，他一生从不说谎话，他评价自己时说："我没有什么过人之处，只是平生的所作所为皆问心无愧。"百姓全部敬仰、信服他，陕州、洛阳一带的百姓被他的德行所感化，一做错事，就说："司马光会不知道吗？"他廉洁奉公、以节俭为乐的品德更是一直被众人传颂。仁宗皇帝临终前曾留下遗诏，要赏赐司马光等大臣一批金银财宝，司马光上书，陈述国家穷困，不愿受赏。但几次都未被批准，最后他将赏赐自己的一份交给谏院，充作公费。他在洛阳任职时，曾买地修筑了一所集居住、读书、游览为一体的"独乐园"，此园幽雅简朴，他非常满意。但当皇上的使臣到这所宅院来向他问政时，却为这低矮的瓦房、简单的陈设暗暗发笑，他不能相信名扬天下的"司马相公"会这样寒碜！

据说，司马光的妻子死后，家里没有钱办丧事，儿子司马康主张借些钱，把丧事办得排场一点，司马光不同意，最后只好把自己的一块地典当出去，才草草办了丧事。司马光一生清廉简朴、不喜奢靡的美德就连他的政敌王安石也很钦佩，愿意与他为邻。

我以不贪为宝， 尔以玉为宝， 若以与我， 皆丧宝也

这句话出自《左传·襄公十五年》，主要意思是表示以不贪为可贵、崇高，也表示廉洁奉公。这句话说的是孔子的弟子子罕的故事。

据《左传》记载：宋襄公十五年，一个善于阿谀奉承的人拿一块玉石献给子罕。子罕怎么也不肯接受。那人便花言巧语地说："这宝贝落到您老先生手中，挂在您的身上，是最相称、最合适的呀！平凡的人是不配佩挂它的！"子罕正颜厉色地答道："你把这块玉石当宝贝，可我把俭朴的生活和不接收礼物看做是宝贝呀！如果我收下了你献的玉，你我将各失其宝。所以，你还是把玉拿回去吧！这样，我们就各有其宝。"

子罕"以不贪为宝"的故事很快流传开来，一直被传颂至今。

位卑未敢忘忧国

出自宋朝陆游的《病起书怀》，意思是：虽然地位卑微，但仍不忘关心国家。

陆游生于北宋宣和七年（1125年），这是一个金兵入侵、战乱将起的年代。陆游的父亲陆宰进京后被任命为京西路转运副使，然而第二年陆宰就突遭免职，一家人只得南归故里。其时正值金兵大军压境，北宋将亡，沿途兵荒马乱。陆游感触颇深，其长大后追记："我生学步逢丧乱，家在中原厌奔窜，淮边夜闻贼马嘶，跳去不待鸡号旦，人怀一饼草间伏，往往经旬不炊爨。"这应该算是陆游一生主战的最早原因。

陆游一生都在为收复失地而积极主战，渴求"上马击狂胡，下马草军书，二十抱此志"，他曾无数次到杭州，每次都迫切希望朝廷能理解他、认识他，委以重任，实现抗金复土的心愿，但结果总是失意与挫折。虽然如此，陆游却从未放弃志向和抱负，就是在这样的条件下，陆游喊出了"位卑未敢忘忧国"的豪言壮语以自励。

君子成人之美， 不成人之恶

语出《论语·颜渊》，原文是："子曰：君子成人之美，不成人之恶。小人反是。"孔子认为君子只成全别人的好事，不成全别人的坏事。小人

则与此相反。朱熹注曰:"成者,诱掖奖劝以成其事也。"

历史上有许多成人之美的例子,当然也不乏这方面的反例。商朝末年,出了个暴虐无道的昏王纣。他在京城朝歌(今河南淇县东北)建造鹿台、倾宫、琼室等宫苑,光是鹿台就造了七年,还施行种种惨无人道的刑罚。纣的同宗兄弟比干,常常指出纣的错误,好心劝他改正,纣不但不听,竟下令把比干剖腹挖心。而纣王的妃子妲己不但不规劝纣王,反而煽风点火,助长了纣王的暴虐,可谓专门"成人之恶"了。

妲己可以说是成人之恶的典型,而战国时的王蠋则是拒绝成人之恶的典型。据《史记·田单传》载:战国时,燕军打败了齐国,围攻齐都,王蠋领兵抵抗,燕军以威胁利诱的办法劝王蠋投降,王蠋严词拒绝,说:"国既破亡,吾不能存,如果我为你们出力,岂不是助纣为虐。"最后,兵败自杀。

天下兴亡, 匹夫有责

语出自顾炎武的名著《日知录·正始》,里面有一段精辟的话:"保天下者,匹夫之贱,与有责焉耳矣!"他认为社会的道德风气败坏,就是亡天下,为了保天下不亡,每一个地位低微的普通人,都应负起责任。"天下兴亡,匹夫有责"这句名言就是这样来的。

顾炎武生于一个官僚地主家庭,祖先世代为官,到了他出生的时候家道已然中落。

从十岁起,顾炎武跟随祖父读书。他的祖父告诫说:"现在有的人图省事,只浏览一下《纲目》之类的书便以为万事皆了了,我认为这是不足取的。"这番话使顾炎武领悟到,读书做学问是件老老实实的事,必须认真忠实地对待它。顾炎武的嗣母王氏还给他讲过很多历史上英雄人物的故事,这些对于他以后人格的培养有举足轻重的意义。

在青少年岁月里,顾炎武广泛接触当时的名士大儒,讲学论道,以天下为己任。在当时阶级矛盾和民族矛盾都很尖锐的年代里,顾炎武不逃避现实,就是在这样的背景下,他喊出了"天下兴亡,匹夫有责"的名言。

精诚所至，金石为开

出自范晔《后汉书·广陵思王荆传》。

相传，西汉时期，著名将领李广精于骑马射箭，作战非常勇敢，被称为"飞将军"。

有一次，他去冥山南麓打猎，忽然发现草丛中蹲伏着一只猛虎。李广弯弓搭箭，全神贯注，用尽气力，一箭射去。李广的箭法在当时很有名气，箭无虚发。他以为这一下老虎一定中箭身亡，于是走近前去一看，未料，被射中的竟是一块形状很像老虎的大石头。而且令人惊讶的是，不仅箭头深深射入石头当中，而且箭尾也几乎全部进入石头中去了。李广和同行的人都很惊讶，他不相信自己能有这么大的力气，想再试一试，于是张弓搭箭，用力向石头射去。可是，一连几箭都没有射进去，不是箭头破碎了，就是箭杆折断了，而大石头一点儿也没有受到损伤。

人们对这件事疑惑不解，就去请教当时的大学者扬雄。扬雄回答说："如果诚心实意，即使像金石那样坚硬的东西也会被感动的。""精诚所至，金石为开"这一句话便由此流传下来，意思是指人的诚心所到，能感动天地，使金石为之开裂，比喻只要专心去做，什么疑难问题都能解决。

己所不欲，勿施于人

出自《论语》，意思是自己不想要的东西，切勿强加给别人。孔子所强调的是，人应该宽恕待人，应提倡"恕"道，唯有如此才是仁的表现。

关于"恕"道，在春秋的时候有这样一个故事。一次，楚庄王因为打了大胜仗后在宫中设盛大晚宴，招待群臣，并叫出自己最宠爱的妃子许姬，轮流着替群臣斟酒助兴。

忽然一阵大风吹进宫中，蜡烛被风吹灭。黑暗中，有人扯住许姬的衣袖想要亲近她。许姬便顺手拔下那个人的帽缨，并赶快跑到庄王身边，告诉庄王说："有人想趁黑暗调戏我，我已拔下了他的帽缨，请大王快吩咐点灯，看谁没有帽缨就处置他。"

庄王说:"今天我请大家来喝酒,酒后失礼是常有的事,不应怪罪。"说完,庄王不动声色地对众人喊道:"我请大家喝酒,大家一定要尽兴,请大家都把帽缨拔掉,不拔掉帽缨不足以尽欢!"于是群臣都拔掉了自己的帽缨,众人尽欢而散。

三年后,晋国侵犯楚国。交战中,庄王发现自己军中有一员将官奋不顾身,英勇杀敌。众将士也在他的带动下,奋勇杀敌,斗志高昂。这次交战,晋军大败,楚军大胜回朝。

战后,楚庄王把那位将官找来,问他:"我见你此次战斗奋勇异常,可我平日好像并未给过你多大好处,你为什么如此冒死奋战呢?"

那位将官低着头回答说:"三年前,臣在大王宫中酒后失礼,可是大王不仅没有追究,反而设法保全我的面子,臣对大王的恩德牢记在心。从那时起,我就时刻准备用自己的生命来报答大王的恩德。臣就是三年前那个被王妃拔掉帽缨的罪人啊!"

大直若屈, 大巧若拙, 大辩若讷

这句话的意思是:刚正的人知道拐弯,灵巧的人表面上却很笨拙,语言犀利的人却不显示出来。

这句话出自《老子》,《后汉书·荀淑传论》中也有"大直若屈"的说法:"及后潜图董氏,几振国命,所谓'大直若屈,道固逶迤'也。"

在清朝历史上有一个著名的"藏拙示孝"的故事。

道光皇帝有9个儿子,到了道光二十六年(1846),这一年道光皇帝65岁,年纪也老了,身体又不好,考虑秘密立储的问题,当时在考虑之列的实际上只有两个,就是奕䜣和奕詝。一天,道光在自己的寝宫里面召见两人,他先对六阿哥奕䜣说,我身体不好,可能不久于人世,这个国家应该怎么治理才好呢?奕䜣口才好,就滔滔不绝地讲治国的方略。道光很高兴,说这个孩子有大出息。奕詝进来后,道光把刚才的话又说了一遍,没想到奕詝只是跪在地上磕头,痛哭流涕,道光问他怎么不说话,他说,我就希望您健康长寿不会有其他事情。如此一来,就将道光帝感动了。这个典故被人称为"藏拙示孝"。而奕䜣不懂得"大直若屈,大巧若拙,大辩若讷"的道理而失去了皇位。

言必信，行必果

出自《论语·子路》，意思是说：说出来的话一定要讲诚信，行动一定要有结果，这句话主要强调人要讲信用。

在中国古代，有很多守信的故事，其中在《庄子·盗跖》篇中就记载了这样一个故事："尾生与女子期于梁下，女子不来，水至不去，抱梁柱而死。"司马迁在《史记·苏秦列传》中也引用了这个故事："信如尾生，与女子期于梁下，女子不来，水至不去，抱柱而死。"

关于诚实守信，在宋代有一个有名的故事。当时的才子晏殊，十四岁时参加科举考试。当考题发下后，他发现自己已经做过了，便向考官说明，并要求换一道题，皇帝知道后对他的诚实赞不绝口，又看到他的文章文笔极佳，便封他为太子的老师。他这样诚实，当太子的老师是最合适不过了。

天地有正气

富贵不淫贫贱乐，男儿到此是豪雄

这句话的意思是：富贵了不骄纵，贫贱依然能保持乐观，男子汉能做到如此才是真正的豪雄。这句话出自宋朝理学家程颢作的一首诗："闲来无事不从容，睡觉东窗日已红。万物静观皆自得，四时佳兴与人同。道通天地有形外，思入风云变态中。富贵不淫贫贱乐，男儿到此是豪雄。"

而这句话最早源自唐朝时唐太宗和尉迟恭之间的一段故事。

唐朝开国功臣尉迟恭的妻子，相貌平平。唐太宗念及他是开创唐朝基业的有功之臣而嘉许他，想把幼女赐给尉迟恭为妾，没想到尉迟恭却委婉而恭敬地答曰："皇上厚爱，微臣铭感于内，实因下官内人虽妇容丑陋，但善守妇德。古有名训：'富贵不淫，乃仁者德行。'微臣慕此德行而仰之，祈请皇上原谅，臣不敢领旨。"

唐太宗虽然被拒绝了，但因其不以妻妾攀结权贵，而更加赞叹他仁者之风，也更加尊重与信任尉迟恭。

粉身碎骨浑不怕，要留清白在人间

出自明朝于谦的《石灰吟》，这是于谦自书襟怀的一首诗。全诗为："千锤万击出深山，烈火焚烧若等闲。粉身碎骨浑不怕，要留清白在人间。"

于谦，字廷益，号节庵，公元1398年出生于浙江钱塘县太平里（今杭州庆春门附近）的一个官宦家庭，曾官至明朝的兵部尚书，是中国古代著名的政治家、军事家、文学家。

于谦为官共三十五年，两袖清风，一尘不染。于谦从山西、河南巡抚任上回京，每次所带，除了简单行李，再无他物。为此他做了一首《入京诗》："绢帕蘑菇共线香，本资民用反为殃，清风两袖朝天去，免得闾阎话短长。""两袖清风"的出典就在这里。

明正统十四年（1449），蒙古瓦剌部大举南进，明英宗朱祁镇御驾亲征，结果在山西土木堡兵败被俘，史称"土木之变"。瓦剌部首领也先以朱祁镇为人质，要挟明朝政府放弃抵抗，俯首称臣。在这国家生死存亡的关键时刻，时任兵部侍郎的于谦挺身而出，竭力主战，拥戴明英宗的弟弟朱祁钰登基，是为明代宗，并尊朱祁镇为太上皇。这样，平定了民心，而且使朱祁镇失去了当人质的作用。然后，于谦率领十万军民，与瓦剌军经过五天五夜的搏杀，击退了兵临城下的瓦剌军队，保卫了北京城。挫败了强虏的阴谋，保全了国家。于谦个人却为此付出了惨重的代价。一年后，明英宗朱祁镇果然被瓦剌放回国。七年后，朱祁钰病重，英宗复辟，终以"莫须有"的罪名，将于谦杀害。

史书记载，于谦被陷害后，按例抄家，发现"家无余资，萧然仅书籍耳"真正做到了"要留清白在人间"。

吾不能变心而从俗兮，固将愁苦而终穷

这是屈原《涉江》中的一句话，《涉江》是其组诗《九章》中的一篇，这句话的意思是：我不能改变自己的心（思想）来跟从世俗，所以将愁苦一生。屈原曾经被两次流放到洞庭湖，其间曾经出使齐国，这是

他从齐国回来西行时所写,屈原这次西行心情很不好,因为屈原看着目前楚国维治者只图眼前安乐,目光短浅,胆子又小,一味向秦国迁就让步,割地求和,这样做正是拿肥肉去喂老虎,楚国早晚要亡在他们手里,他心里苦闷无法向人诉说。他痛恨靳尚、公子兰这批人,不愿跟他们在一起共事,这句话表达的就是屈原的这种心情。

我自横刀向天笑, 去留肝胆两昆仑

出自谭嗣同的《狱中题壁》,全诗是:"望门投止思张俭,忍死须臾待杜根。我自横刀向天笑,去留肝胆两昆仑!"

谭嗣同和康有为、梁启超等共同发动了戊戌变法,后来,变法失败,从慈禧发动政变到逮捕谭嗣同,期间谭嗣同仍有时间并有好几次机会走避,但他认为:"各国变法,无不从流血而成,今中国未闻有因变法而流血者,此国之所以不昌也。有之,请自嗣同始。"他先后力劝康、梁保全性命,自己则决心以身殉道。他临刑前书写"有心杀贼,无力回天。死得其所,快哉快哉",然后慷慨就义。这首诗就是他在就义前写在监狱墙壁上的。

生,亦我所欲也,义,亦我所欲也,二者不可得兼,舍生而取义者也

这句话的意思是:生命,也是我想要的;正义,也是我想要的。(如果)生命和正义不能够同时得到,(只好)牺牲生命来保住正义。

这句话出自《孟子·告子上》。陈毅在其《梅岭三章》中曾经引用了这句话:"投身革命即为家,血雨腥风应有涯。取义成仁今日事,人间遍种自由花。"陈毅的这首诗的背景是:1934年10月,红军开始长征。但当时陈毅身负重伤,只好留在中央苏区坚持斗争。中央苏区失陷后,他便在赣粤区开展游击战。1936年4月,陈毅到梅山地区检查工作。10月,由于叛徒出卖,陈毅在大庆遇到险情,于是马上转回梅山。当他回到梅山时正好遇到敌人搜山,便暂时隐蔽在一个山坳里。敌人搜不到,便纵火烧山,恰巧天下大雨,火被淋熄,敌人搜捕直至天黑才撤走,半夜又反扑上山,还是一无所获。后来敌人继续搜山,前后围搜达20余日。这

首诗就是陈毅在"虑不得脱"的情况下写的。

捐躯赴国难， 视死忽如归

这句话出自曹植的《白马篇》，意思是：为了解除国难献身，把死亡看做回家一样。

当年晋察冀军区司令员兼政治委员聂荣臻为狼牙山五壮士纪念塔题的词中就引用了这句话："视死如归本革命军人应有精神；宁死不屈乃燕赵英雄光荣传统。"

1941年8月，侵华日军华北方面军对晋察冀边区所属的北岳、平西根据地进行"大扫荡"。9月25日，日伪军约3500余人围攻易县城西南的狼牙山地区，企图歼灭该地区的八路军和地方党政机关。晋察冀军区第一军分区某部第七连奉命掩护党政机关、部队和群众转移。当一连胜利完成任务撤离时，又留下第六班班长马宝玉，副班长、共产党员葛振林，及宋学义、胡德林、胡福才等5名战士担负后卫阻击，掩护全连转移。这5名战士打退日伪军多次进攻，共毙伤90余人。第二天，为了不让日伪军发现连队转移方向，他们将日伪军引向狼牙山棋盘陀顶峰。日伪军向他们发起猛攻。5位战士临危不惧，英勇阻击，一直坚持战斗到日落。他们宁死不屈，毁掉枪支，纵身跳下数十丈深的悬崖。马宝玉、胡德林、胡福才壮烈殉国；葛振林、宋学义被山腰树枝挂住，幸免于难。

狼牙山山区人民为永远纪念"狼牙山五壮士"，特在狼牙山顶峰棋盘陀上修建了一座雄伟的纪念塔。

宁为玉碎， 不为瓦全

这句话见于《北齐书·元景安传》："大丈夫宁可玉碎，不能瓦全！"即宁做玉器被打碎，不做泥瓦得保全。

公元550年，北朝东魏的孝静帝被迫将帝位让给专横的丞相高洋。高洋改东魏为北齐。

高洋当皇帝十年后的一天，出现了日食。他担心这是一个不祥之兆，害怕自己篡夺的皇位不保。于是，他把一个亲信召来问："西汉末年王莽夺了刘家的天下，为什么后来光武帝刘秀又能把天下夺回来？"那个亲信说不清这是什么道理，便搪塞道："陛下，这要怪王莽自己了。因为他没有把刘氏宗室人员斩尽杀绝。"

高洋竟相信了那个亲信的话，马上开了杀戒：把东魏宗室近亲44家共700多人全部处死，连婴儿也无一幸免。消息传开后，东魏宗室的远房宗族也非常恐慌，于是他们赶紧聚集起来商量对策。有个名叫元景安的县令说，眼下要保命的唯一办法，是请求高洋准许他们脱离元氏，改姓高氏。

元景安的堂兄元景皓坚决反对这种做法，他气愤地说："怎么能用抛弃本宗、改为他姓的办法来保命呢？'大丈夫宁可玉碎，不能瓦全'。我宁愿死而保持气节，也不愿为了活命忍受屈辱！"

卑鄙的元景安为了保全自己的性命，把元景皓的话报告了高洋。高洋立即逮捕了元景皓，并将他处死。而元景安因告密有功，被赐姓高，并且升了官。

但是，残酷的屠杀没有挽救摇摇欲坠的北齐政权。三个月后，高洋因病死去。十八年后，北齐王朝也寿终正寝了。

人固有一死，或重于泰山，或轻于鸿毛

出自汉·司马迁《报任安书》。

司马迁幼受父亲影响，立志于写一本史书。在他父亲去世三年后，司马迁继承父志，担任太史令，有机会博览皇家图书典籍。经过几年的准备，四十二岁那年，他正式开始写作《史记》。

正当司马迁专心著述之际，灾难却降临到他的头上。公元前99年，汉将李陵领兵五千抗击匈奴，不料被八万匈奴骑兵包围，在杀伤敌军一万多人之后，粮尽援绝，被俘投降。在上朝廷议时，汉武帝问他对此事的看法，司马迁认为李陵有功于汉，投降出于一时无奈，必将寻找机会报答国家。汉武帝一听大怒，认为这是为李陵辩护，还有讽刺国舅李广利正面拒敌而怯懦无功的意味。司马迁因此获罪，翌年被处"腐刑"。

司马迁想到了死。人总是要死的，但有的人死得比泰山还重，有的人死得比鸿毛还轻。他想到著述还没完成，又从周文王被拘禁而写《周易》，孔子一生困顿不得志而作《春秋》，屈原被放逐而赋《离骚》，左

丘失明而有《国语》传世等先贤的遭遇中看到自己的出路。司马迁终于忍辱负重,完成了被誉为史家之绝唱的《史记》。《报任安书》就是他在受刑后写给好友任安的一封信。

毛泽东同志在悼念张思德同志的著名演讲《为人民服务》中也引用了这个典故,他说:"人总是要死的,但死的意义有不同。中国古时候有个文学家叫做司马迁的说过:'人固有一死,或重于泰山,或轻于鸿毛。'为人民利益而死,就比泰山还重;替法西斯卖力,替剥削人民和压迫人民的人去死,就比鸿毛还轻。张思德同志是为人民利益而死的,他的死是比泰山还要重的。"

新沐者必弹冠, 新浴者必振衣

出自司马迁的《史记·屈原列传》,意思是:刚洗过头发的人,一定要弹弹帽子,沾不得一点灰尘;刚刚洗过澡的人,一定要抖抖衣裳,干净的躯体怎么能穿一件脏的衣裳呢?

战国末期,楚怀王听信了靳尚、公子兰等人的话,到秦国去,被秦国扣留,最后连自己的命都丢了。楚顷襄王做了国君后,不但没把这批人治罪,反倒重用他们。靳尚、公子兰等人就怕屈原在楚顷襄王面前老提起反抗秦国的话,怕打起仗来自己不能过好日子。他们把屈原看做眼中钉,非拔去不可。靳尚、公子兰他们就天天在楚顷襄王跟前说他的坏话。最后,楚顷襄王大怒,把屈原革了职,放逐到湘南去。屈原满怀救国救民的志向、富国强兵的打算,反倒被人排挤出去了。公元前278年,秦国派大将白起去攻打楚国,占领了楚国的国都。屈原听到这个消息,知道楚国已经没有希望了,可不愿意眼看着楚国被毁,自己的国家落在敌人手里,他就在五月初五那一天,抱着一块大石头,跳到汨罗江里去了。这句话就是屈原投江前跟渔夫的一段对话中的一句。

不要人夸好颜色, 只留清气满乾坤

出自元末王冕的《题墨梅》,全诗是:
我家洗砚池头树,朵朵花开淡墨痕。
不要人夸颜色好,只留清气满乾坤。

这首诗是王冕一生的真实写照。

王冕年轻时一度热衷于功名，在考进士屡试不中后，他满怀忧郁，烧毁了文章，永绝于仕途，浪迹江湖。

后来，他埋名隐居到家乡的九里山，靠卖画为生，白天种植豆、灌园、养鱼，晚上读书、做诗、画画，过着清贫的生活。

王冕这首诗里的"洗砚池"是化用了一个典故：晋朝著名的书法家王羲之自幼对东汉的大书法家张芝非常崇拜。张芝擅长草书，他练习书法与常人不同，他经常在家中的衣帛上反复书写，写完以后，再染色裁衣，他还坚持每天在池塘边蘸着池水磨墨写字，天长日久，池塘里的水都变成黑色了。王羲之发誓要赶上张芝，他用心学习前人的书法，每天写完字后，都要到家门前的池塘里洗刷笔砚，天长日久，池塘的水全部成了深黑色。于是人们把这个池塘叫做"洗砚池"。

 # 名句里的励志之道

意志坚定方可成事

人生自古谁无死，留取丹心照汗青

这句话出自宋朝文天祥的《过零丁洋》。全诗为："辛苦遭逢起一经，干戈寥落四周星。山河破碎风飘絮，身世浮沉雨打萍。惶恐滩头说惶恐，零丁洋里叹零丁。人生自古谁无死，留取丹心照汗青。"

最后两句成为千古名言，这两句的意思是：人生自古以来有谁能够长生不死，我要留一片爱国的丹心映照历史。

景炎二年（1277年），文天祥的军队被元兵打败后，曾从惶恐滩一带撤退到福建。当时前临大海，后有追兵，如何闯过那九死一生的险境，转败为胜，是他最忧虑、最惶悚不安的事情。而今军队溃败，身为俘虏，被押送过零丁洋（零丁洋在今广东的珠江口）。文天祥于宋末帝赵昺祥兴元年（1278年）十二月被元军所俘，囚于零丁洋的战船中。次年正月，元军都元帅张弘范攻打崖山，逼迫文天祥招降坚守崖山的宋军统帅张世杰，于是，文天祥写了这首诗。

穷且益坚，不坠青云之志

这句话出自唐王勃《滕王阁序》，意思是处在人生困窘之时要更加坚强，不放弃凌云的壮志。

王勃引用的这个典故来自"竹林七贤"中嵇康的故事。嵇康生于魏文帝黄初五年（224年），其家世代儒业，嵇康自幼就饱受儒家经典的熏陶，胸怀青云之志。嵇康的兄长嵇喜对他有这样的描述："叔夜（嵇康的字)年轻时主要接受儒家的传统教育,成年以后才渐读老庄之书,但儒家学说一直是他的主导思想。"嵇康认为做人应该讲求大义,应该坚持忠烈之节。嵇康早年丧父,家境贫困,但仍励志勤学,文学、玄学、音乐等无不博通。他娶曹操曾孙女长乐亭主为妻。司马昭曾想拉拢嵇康,但嵇康对于司马氏采取不合作态度,因此颇招忌恨。司马昭的心腹钟会想结交嵇康,受到冷遇,从此结下仇隙。嵇康的友人吕安被其兄诬以不孝,嵇康出面为吕安辩护,钟会即劝司马昭乘机除掉吕、嵇。当时太学生三千人请求赦免嵇康,愿以康为师,司马昭不许。临刑,嵇康神色自若,奏《广陵散》一曲,从容赴死。

士不可不弘毅,任重而道远

这句话出自《论语·泰伯》:曾子曰:"士不可以不弘毅,任重而道远。弘,宽广也。毅,强忍也。非弘不能胜其重,非毅无以致其远。仁以为己任,不亦重乎?死而后已,不亦远乎?"意思是曾子说:"士不可不志向远大,意志坚强,因为他肩负重任,路途遥远。以实行仁道为己任,不是很重大吗?直到死才能罢休,不是很遥远吗?"

著名经济学家林毅夫的名字就是从这句话得来的。林毅夫出生在中国台湾东北部一个民风淳朴的小城——宜兰市。林毅夫主要从事中国农业问题的研究工作。1990年,他关于中国1959~1961年大饥荒问题的论文《集体化与中国1959~1961年的农业危机》在世界最顶尖的经济学杂志之一《政治经济学期刊》上发表,引起了极大的反响和争论,从此以后,"中国饥荒"成为国际经济学界讨论的热门话题。

1979年5月16日夜,台湾海峡中的金门岛被沉沉的黑暗笼罩着。台湾陆军金门防卫司令部连队长林正义看了一眼约两千米外福建厦门的海岸,跳进了海水中。

他的神秘失踪在台湾军中引起了很大的骚动。台湾方面曾拼命寻找这名26岁模范军官的去向,但没有成功。一年后,台湾军方宣布林正义失踪后"死亡"。

而实际上,林正义冒死从金门泅渡,成功地登上了大陆,并改名为"林毅夫"。"士不可不弘毅,任重而道远",他将自己的名字改为"毅夫"，要追求的也是这样一种精神。

志之所向，金石为开，谁能御之

这句话出自清代的《曾国藩家书》，意思是只要意志坚定，金石都能为之开裂，还有谁能够阻挡呢？

曾国藩，出生于湖南省湘乡县白杨坪，在他的一生中，立志为本一直是他成长过程中的理想与信念，也正是这个信念激励着他走向成功。男儿"以懦弱无刚四字为大耻，故男儿自立，必须有倔强之气"，八字诀（早、考、扫、宝、书、蔬、鱼、猪）和三不信（不信医药、不信僧巫、不信地仙）被曾国藩反复品味，作为曾氏家族家训的主要内容。后来，曾国藩入京为官，在这段时期，他极为注重修身。就在严格修身的同时，他立下了澄清宇内之志。所谓"澄清宇内"，便是经邦治国、安定天下。这是儒家信徒的最大志向了。

咸丰二年（1852）年底，一个改变命运的机遇降临到曾氏的头上，这便是先一年起义的太平军冲出广西，向江南进军，东南各省陷入战乱之中，为了配合正规部队的作战，朝廷在江南各省任命了四十三位团练大臣。四十三个团练大臣，后来死的死、走的走，几乎都没有办成什么事，唯一一个成就一番大业的就是曾国藩。湘军的做大做强，有一个千难万难的过程，在这个过程中苦多乐少、败多胜少。从衡阳出师到武汉的打下，这七八个月里，曾氏经历过兵败投水自杀、湘军溃逃四散、湖南军政两界的讥讽、长沙城闭门不纳等羞辱，直到武汉打下，才一洗满面羞惭。从咸丰五年（1855）到咸丰十年（860）的五六年里，曾国藩在江西、安徽一带的军事行动一直在低迷中徘徊不定。这期间，曾氏遭遇到江西官场的排斥、湖南官场的指责、朝廷的不信任、友军的不配合，他再一次投水自杀未遂，弄得他觉得自己已经是个从朝廷到地方都不能容的异类，以致得了严重的神经官能症，一天到晚吃不好、睡不好，不到50岁，连一寸大小的字都看不清，随时都有死去的可能。

面对着这一切，他都忍了。有野史说：幕僚给朝廷拟奏折说湘军"屡战屡败"。曾氏将"战""败"两字易了一个位置，变为"屡败屡战"。这一字之易，体现了一个截然不同的精神气概：绝不屈服，绝不退缩，倒下了再爬起来，前人死了，后人再继续。这也正是"志之所向，金石为开，谁能御之"这句话的生动体现。

一腔热血勤珍重，洒去犹能化碧涛

这句话出自秋瑾的《对酒》，意思是：要珍惜自己的满腔热血，将来献出它时，定能化成碧绿的波涛（意即掀起革命的风暴）。全诗为：不惜千金买宝刀，貂裘换酒也堪豪。一腔热血勤珍重，洒去犹能化碧涛。

中国近代史是一段屈辱的历史。庚子事变，八国联军入侵，中华民族濒临被世界列强瓜分的危险，而满清王朝腐败不堪，秋瑾只身东渡日本，投身革命风潮，立志"但持铁血主义报祖国"，手持倭刀，到东京麴町区神乐坂武术会练习剑击和射击技术，又学习制造炸药。她"不惜千金买宝刀"，正是为了实现"澄清神州"的壮志！1904年，秋瑾为筹集赴日本留学的学旅费，变卖掉自己全部首饰衣物，经济十分困窘。光绪三十一年（1905年），秋瑾从日本回国后，走访好友吴芝瑛，将其在日本购得的倭刀相示。秋瑾所写"一腔热血勤珍重，洒去犹能化碧涛"，也算是对好友叮咛的回答。

秋瑾确是这样做的，她回国后，与革命党人徐锡麟秘密策划浙皖两省武装起义，不幸失败被捕。敌人严刑逼供，她斩钉截铁地回答："要杀便杀，革命党的事不必多问。"她咬牙闭目，坚贞不屈，就义于绍兴古轩亭口。

"一腔热血勤珍重，洒去犹能化碧波"，这两句诗用碧波来形容烈士所流的血，意思是要将一腔沸腾的热血飞洒出去，变成滚滚波涛，冲溃一切恶势力。

这里用了一个典故，《庄子·外物》上说：相传春秋时，周大夫苌弘忠于祖国，得罪了晋国，晋迫使周王杀死苌弘。人民怜惜他，用石匣藏起他的血，三年后他的血化为碧玉。后人常以"碧血"与"丹心"连用，称颂为国而死的人。

富贵不能淫，贫贱不能移，威武不能屈

这句话出自《孟子·滕文公下》，意思是：富贵不能使他的心惑乱，

贫贱不能使他改变节操，威武不能使他的意志屈服。只有做到了这三点才可以称得上是大丈夫。

吴晗在1961年写的《谈骨气》中也引用了这句话："战国时代的孟子，有几句很好的话：'富贵不能淫，贫贱不能移，威武不能屈，此之谓大丈夫。'意思是说，高官厚禄收买不了，贫穷困苦折磨不了，强暴武力威胁不了，这就是所谓大丈夫。大丈夫的这种种行为，表现出了英雄气概，我们今天就叫做有骨气。"并且举了不受嗟来之食的故事来说明，古代有一个穷人，饿得快死了，有人丢给他一碗饭，说："嗟，来食！"（喂，来吃！）饿人拒绝了"嗟来"的施舍，不吃这碗饭，后来就饿死了。

吴晗又用了民主人士闻一多的事迹来说明：民主战士闻一多是在1946年7月15日被国民党枪杀的。在这之前，朋友们得到要暗杀他的消息，劝告他暂时隐蔽，他毫不在乎，照常工作，而且更加努力。明知敌人要杀他，在被害前几分钟还大声疾呼，痛斥国民党特务，指出他们的日子不会很长久了，人民民主一定会得到胜利。

老骥伏枥，志在千里；烈士暮年，壮心不已

这句话出自三国魏曹操《步出夏门行·龟虽寿》。这句话中曹操自比为一匹上了年纪的千里马，虽然形老体衰，屈居枥下，但胸中仍然激荡着驰骋千里的豪情。他说，有志干一番事业的人，虽然到了晚年，但一颗勃勃雄心永不会消沉，对宏伟理想的追求永不会停息！

战国时的廉颇可谓是一个"烈士暮年，壮心不已"的典型。战国末期，秦赵长平之战爆发了。赵惠文王的儿子赵孝成王拜廉颇为帅，让他带着20万精兵到长平去迎战秦军。后来可就在这时，赵孝成王中了秦国的"反间"之计，改用赵括为将，廉颇被罢了"官"。

而赵括只会"纸上谈兵"，长平大败，一夜之间，秦军坑杀赵卒40多万。

廉颇在赵国呆不下去了，就出奔到了魏国，魏国却不敢任用廉颇。

廉颇走后，赵国又与秦国数次交战，始终没有胜过，于是派使者去看看廉颇的现状，是不是还能打仗，引发了"廉颇老矣，尚能饭否"这个典故。廉颇当着使者的面吃了一斗米做的饭，还吃了十斤肉（真是佩

服古人的食量）。吃完后又披甲上马，以表示自己还可以作战。真可谓"烈士暮年，壮心不已"，但使者收了郭开的贿金，于是回国后告诉赵王说："廉颇将军虽然老暮，但是饭量还很好，只是与我交谈的时候，起身去拉过三次屎。"于是，赵王以为廉颇不能再用。也就再也没有召廉颇回国！

宝剑锋从磨砺出

不入虎穴，不得虎子

这句话出自南朝宋范晔的《后汉书·班超传》："超曰：'不入虎穴，不得虎子。当今之计，独有因夜以火攻虏，使彼不知我多少，必大震怖，可殄尽也。'"是说人们做事，如果不下决心，不身历险境，不经过艰苦的努力，是不能达到目的的。

东汉时候，班超跟随窦固和匈奴打仗，立下战功，后来被派出使西域。他首先到郑善国。国王早知班超为人，开始对他十分敬重，但隔一个时期，却忽然变得怠慢起来。后来，班超发现是北方匈奴也派人来笼络郑善国王，使他不知顺从那一边。于是班超对随从们说，聪明人要在事情还没有萌芽的时候就发现它，何况现在事情已经很明显了。我们现在处境很危险，匈奴使者才来几天，郑善国王就对我们这么冷淡，如果再过一些时候，郑善国王可能会把我们绑起来送给匈奴。你们说，这该怎么办？当时大家坚决表示愿听他的主张。他便继续说道："不入虎穴，不得虎子。现在唯一的办法，就是在今天夜里用火攻击匈奴来使，迅速把他们杀了。只有这样，郑善国王没有了退路，才会诚心归顺汉朝。"

这天夜里，班超就和他同去的三十六个同伴，冲入匈奴人住所，奋力死战，杀死了匈奴使者。郑善国王于是决心同匈奴断绝关系，亲善汉朝。

岁寒，然后知松柏之后凋也

这句话出自《论语·子罕》。大意是到了天气寒冷的时候，才能看出松柏是最后凋零的。

夏完淳的事迹就体现了这句话的意思。夏完淳（1631～1647年），别名复，字存古，家住郡城西花园浜。完淳父夏允彝为江南名士，与完淳师陈子龙创立几社。夏完淳受父亲影响，矢志忠义，崇尚名节。少年时即胸怀大志，至十一二岁，已"博览群书，为文千言立就，如风发泉涌；谈军国事，凿凿其中"。

清顺治二年（1645年），清兵下江南，完淳年方十五，随父、师在松江起义抗清。失败后，夏允彝投水自殉，完淳乃追随陈子龙与太湖义军联系，参谋义军领袖吴易军事，继续从事抗清复明活动。

顺治四年（1647）春，南京总督军务洪承畴，秉承清摄政王意旨，严缉夏完淳，完淳躲避在嘉善岳父家中，不幸于六月底被清当局侦获逮捕，取水道解往南京受审。洪承畴亲自讯问并亲自劝降，说："童子何知，岂能称兵叛逆？误堕贼中耳！归顺当不失官。"夏完淳假装不知道审讯大员就是洪承畴，高声答道："我闻亨九（洪承畴字）先生本朝人杰，松山、杏山之战，血溅章渠。先皇帝震悼褒恤，感动华夷。吾常慕其忠烈，年虽少，杀身报国，岂可以让之！"当差役们告诉他堂上坐着的就是洪承畴时，夏完淳声色俱厉地说："亨九先生死王事已久，天下莫不闻之，曾经御祭七坛，天子亲临，泪满龙颜，群臣呜咽。汝何等逆徒，敢伪托其名，以污忠魄！"洪承畴气急败坏，无话可说。当时钱栴也被捕，意志沮丧。完淳在旁勉励他说："今与公慷慨问死，以见陈公于地下，岂不亦奇伟大丈夫哉！"从而使钱栴保全了晚节。

从来好事天生险， 自古瓜儿苦后甜

这句话出自元代白朴《喜来春》，意思是，自古以来好事就稀少，瓜都是先是苦的，熟了以后才甜。姜子牙的故事就是这句话最好的注解。

姜子牙的故事在民间广泛流传，他先后编过笊篱、卖过面粉、经营过饭馆、贩过牛马猪羊，结果都是只亏本不挣钱。后来告别结拜弟兄，一路风尘来到了磻溪。这一年他80岁。姜子牙隐居在磻溪河边，每日置身在滋泉边的一块大石头上垂钓。后来，西伯侯姬昌因梦见飞熊而动了访贤的心思。在访贤的途中，他首先听到了一群渔人在唱歌，歌词内容包括夏朝末代国君桀的灭亡、商朝的建立和其后600年的政通人和、后来纣王的荒淫无道，以及尧帝访舜的故事，这歌词一字一句无不牵动着西伯侯的心弦。他认为既然能唱此歌，内中必有大贤，一问才知众渔人不过是鹦鹉学舌，他们是从35里外的一条小河边的一个老钓翁那里学来的。西伯侯一行继续往前走，最后终于找到了姜子牙，请他出山。姜子牙后来辅佐武王伐纣建立周朝，最后被封在齐地，成为以后齐国的建立者。

不经一番寒彻骨，争得梅花扑鼻香

这句话出自唐黄檗希运《宛陵录》："尘劳迥脱事非常，紧把绳头做一场。不经一番寒彻骨，争得梅花扑鼻香。"

人们都知道卧薪尝胆的故事，越王勾践的事迹就印证了"不经一番寒彻骨，争得梅花扑鼻香"这句话。春秋时期，吴越两国相邻，经常打仗。公元前496年，吴王阖闾派兵攻打越国，但被越国击败，阖闾也伤重身亡。吴王死后，他的儿子夫差继位。三年以后，夫差带兵前去攻打越国，以报杀父之仇。越王勾践被迫退居到会稽。吴王派兵追击，把勾践围困在会稽山上，情况非常危急。此时，勾践听从了大夫文种的计策，准备了一些金银财宝和几个美女，派人偷偷地送给吴国太宰，并通过太宰向吴王求情，吴王最后答应了越王勾践的求和。但是吴国的伍子胥认为不能与越国讲和，否则无异于放虎归山，可是吴王不听。

越王勾践投降后，便和妻子一起前往吴国，其实勾践并没有放弃复仇之心，他表面上对吴王服从，但暗中训练精兵，强政励治，并等待时机反击吴国。艰苦能锻炼意志，安逸反而会消磨意志。勾践害怕自己贪图眼前的安逸，消磨报仇雪耻的意志，所以他为自己安排艰苦的生活环境。他晚上睡觉不用褥，只铺些柴草（古时叫薪），又在屋里挂了一只苦胆，不时尝尝苦胆的味道，为的就是不忘过去的耻辱。经过十年的积聚，越国终于由弱国变成强国，最后打败了吴国，吴王羞愧自杀。

疾风知劲草，岁寒见后凋

这句话见于范晔《后汉书·王霸传》，意思是：在猛烈的大风中，只有坚韧的草才不会被吹倒。比喻只有经过严峻的考验，才知道谁真正坚强。

王霸是西汉末年颍阳人。新莽王朝末年，爆发了全国性的农民大起义。西汉皇族刘秀也趁机起兵，拉起了自己的队伍。刘秀的队伍路经颍阳时，有个名叫王霸的人联络了一帮朋友投靠刘秀。从此，王霸跟随刘秀南征北战。王霸忠心耿耿，多次助刘秀打了胜仗；在昆阳大破王莽的战役中，立了大功，因而受到刘秀的信任。不久，王霸因父亲年老体衰，便辞别刘秀回乡照料父亲。后来刘秀率军路经王霸的家乡，特地登门看望，王霸心里很感动，就请求父亲让他再跟着刘秀。父亲欣然同意，王霸又回到刘秀的军中。这年，刘秀到河北去招降当地各州郡的地方势力。但队伍进入河北后，战斗进行得很不顺利。刘秀的部队渡过黄河，在河北邯郸和王郎作战时，军事行动遭到了重大挫折。王郎重金悬赏捉拿刘秀，形势很危急。队伍中很多人感到前途渺茫，再加上忍受不了艰苦的军旅生活，便偷偷地开小差了。只有王霸还继续留在军中，忠贞不贰。为此，刘秀非常感动，说："颍川从我者皆逝，而子独留，始验疾风知劲草！"后来，刘秀经过多年征战，终于夺得天下，登上了皇位。王霸也被任命为偏将军，成为刘秀的心腹将领。

天将降大任于斯人也，必先苦其心志，劳其筋骨，饿其体肤，空乏其身

这句话出自《孟子·告子下》，意思是：所以上天将要降落重大责任在这样的人身上，一定要先使他的内心痛苦，使他的筋骨劳累，使他经受饥饿，以至肌体消瘦。

商王武丁的宰相傅说就是一个在苦难中逐渐成长起来的人才。武丁是一位励精图治的帝王。他即位之前，曾经生活在"小人物"中间，比较了解社会上的实际情况。即位以后，三年没有理政，国事全由家宰管理，他从旁观察，思索复兴殷商的方略。后来，从版筑护路的奴隶中发现了傅说，擢拔为相。

傅说从政之前，身为奴隶，在傅岩做苦役。那里是虞、虢两地交界

之处，又是交通要道，因山涧的流水常常冲坏道路，奴隶们就在这里版筑护路。傅说就靠从事版筑维持生计，虽有才干，却无从施展。

有一天，武丁梦见上天赐予他一位贤人，这个人穿着奴隶穿的衣服，说自己姓傅名说，正在做苦役。武丁醒来以后想："傅者，相也。说者，悦也。天下当有傅我而悦民者哉！"认为这是个好兆头，要得到一位治理天下的好帮手了。天亮以后，他把这个梦告诉百官，却没有一个人相信。武丁就让人把梦中人的形象画出来，在全国寻找，果然在傅岩找到傅说。

为学须先立志

当今之世，舍我其谁

这句话出自《孟子·公孙丑下》，意思是：除了我，还有哪一个？形容人敢于担当，遇有该做的事，绝不退让。

故事说的是，孟子到齐国后，齐王很高兴，并且任用了他。但孟子总感到不理想，于是决定离开齐国。但他在离开时，很希望齐王能亲自出面来挽留他。孟子出京城临淄到齐国西南部的昼地后，住了3天才走。途中有人问孟子为什么这样慢腾腾地，孟子说，我自认为还是太快了呢，我想齐王也许能最终改变态度，把我召回去。齐王如果用我，何止齐国的老百姓得到太平，全天下的老百姓都能够得到太平。

有一个名叫充虞的人问孟子，说："老夫子现在好像很不愉快的样子，从前我听您说过：'君子不怨天，不尤人。'"

孟子回答道："每过500年必定有位圣君出现，而这当中也必定会有命世之才出来。从周朝到现在，已经过去700余年了。论年头，早超过（500年）了；而以时势的发展来考察之，则现在正该是出圣君贤臣的时候了。老天爷如果想使天下太平，那么当今之世，除了我，还有谁呢？我有何不愉快的呢？"

有志者，事竟成

这句话出自《后汉书·耿弇传》，意思是说，有志气的人，事情终究能够成功。原句是:"将军前在南阳,建此大策,常以为落落难合,有志者事竟成也。"是说有一次,刘秀派耿弇去攻打占据山东青州十二郡的豪强张步。当时张步盘踞青州多年,兵强马壮,是耿弇的一个劲敌。张步听说耿弇率兵来攻,就派大将军费邑等分兵把守历下、祝阿、临淄,准备迎击。耿弇各个击破,先攻下祝阿,以后用计相继攻下历下和临淄。张步着急起来,亲自带兵反攻临淄,于是在临淄城外进行了一场生死搏斗。在激烈的战斗中,耿弇大腿中了一箭,耿弇用佩刀砍断箭杆,带伤坚持战斗。刘秀闻讯,亲自带兵前来支援。在援兵还未到达的时候,部将陈俊认为张步兵力强大,建议暂时休战,等到援兵来后再发动进攻。可是耿弇坚持带伤继续战斗,经过一场激战终于把张步打得大败。几天后,刘秀来到临淄,慰劳军队。他在将官面前夸奖耿弇说:"过去韩信破历下开创基业,到了今天将军攻克祝阿,连战连捷,两功相仿,从前你在南阳曾请求平定张步,我当时以为你口气太大,恐怕难以胜任,如今才知道,有志者事竟成啊!"

丈夫皆有志, 会见立功勋

这句话出自唐杨炯《出塞》,意思是说,男子汉都很有志气,必将看到自己建功立业。

周恩来就是"丈夫皆有志,会见立功勋"的典型,我们都熟悉他在少年时写的一首诗:大江歌罢掉头东,邃密群科济世穷。面壁十年图破壁,难酬蹈海亦英雄。

这首诗是周恩来1919年9月自南开毕业后,东渡日本留学时所作。它表达了周恩来同志拯救民族危亡,为中华之崛起而奋斗的崇高理想。正因为周恩来在青少年时代就立下了雄心斗志,所以他几十年如一日,不知疲倦地工作,一直战斗到生命的最后一刻,为人民立下了丰功伟绩,成为彪炳千秋的伟人。

器大者声必闳, 志高者意必远

这句话出自宋范开的《稼轩词序》,意思是:大的钟发出的声音一定洪亮,志向崇高的人意趣一定远大。

刘邦就是一个有远大志向的人。《史记》中记载："高祖尝游咸阳，观秦皇帝，喟然太息曰：'嗟乎，大丈夫当如此也！'"刘邦的志向果然不小，他说的"大丈夫"就等于是皇帝。这对于身为草芥小民的刘邦来说，的确可以说是惊人之语、狂妄之想了。但是，正是这个理想，让他不再满足于小小的亭长一职，他整个人焕然一新，开始了百折不挠的奋斗。在数十年艰苦卓绝的南征北战中，他屡败屡战，终于灭秦平楚，开创了大汉朝。

这充分验证了高尔基的一句话："一个人追求的目标越高，他的才力就发展得越快，对社会也就越有益。"

大鹏一日同风起，扶摇直上九万里

出自李白《上李邕》，全诗是："大鹏一日同风起，扶摇直上九万里。假令风歇时下来，犹能簸却沧溟水。时人见我恒殊调，见余大言皆冷笑。宣父犹能畏后生，丈夫未可轻年少。"

大鹏是《庄子·逍遥游》中的神鸟，传说这只神鸟其大"不知其几千里也"，"其翼若垂天之云"，翅膀拍下去就是三千里，扶摇直上，可高达九万里。李白年轻时胸怀大志，非常自负，又深受道家哲学的影响，心中充满了浪漫的幻想和远大的抱负。这首诗是李白在长安官场失意，受朝中权贵排挤，被唐玄宗"赐金放还"之后所写，诗中表明了他没有心灰意懒，期待有一天能够像大鹏一样随风而起。

志不强者智不达

这句话出自战国墨翟的《墨子》，原句是："志不强者智不达，言不信者行不果。"意思是：意志不坚强的人，智慧也不通达；言语不诚实的人，做事也不会有成果。

基辛格就是个很好的例子。他中学时因家境困窘，常为自己的生活而感到迷惑。他当时的志向是当一名会计。

他命运的转机来自于第二次世界大战。1943年，20岁的基辛格应征入伍，次年当了师指挥官的德语翻译，因工作出色节节提升，1946年被调到欧洲盟军司令部情报学校教授反间谍课程，此时，他的想法已经发生了变化。他渴望得到更丰富的知识，并从此立志成为一名政治家。于是他于1947年考入哈佛大学，主修哲学、历史、政治等科目，各科成绩优异，并于1952年获文学硕士学位，1954年获哲学博士学位。在1961年，基辛格成为国家安全委员会非正式顾问，这是个令别人羡慕的职位，可他觉得离他的目标还差得远，便毅然辞去了这项工作。

1969年1月20日，尼克松就任美国总统，基辛格被聘为总统国家安全事务助理，并于1973年就任国务卿。在这一职位上他的外交才能发挥得淋漓尽致。此时的基辛格已步入了政治生涯的巅峰，成为活跃在国际大舞台上的大腕。试想，如果基辛格仅仅将志向定位为当一名会计，对世界政治舞台将是莫大的损失，美国的历史也要改写。

燕雀安知鸿鹄之志哉!

这句话出自《史记·陈涉世家》，意思是：鸿鹄志向在于蓝天，岂是那些在矮树低墙之间扑腾，每天只求温饱的麻雀们所能理解的？原句是："嗟呼，燕雀安知鸿鹄之志哉？"

秦朝阳城（今河南方城县）有一个叫陈涉（名胜，字涉）的人，年轻时候家里很穷，曾经跟别人一起受雇佣给富人家种地。有一天，他放下农活到田埂上休息，由于他对秦王朝肆无忌惮的征调劳役、不断加重对老百姓的压迫和剥削的社会现实愤恨不平，于是决心摆脱压迫和剥削，改变目前的社会地位，他对同伴们说："苟富贵，毋相忘。"也就是说："假如将来我们中间有谁发迹了，可不能相互忘记啊。"同伴们讥笑他："受雇给人家种地，怎么能发迹呢？"陈涉长长地叹了一口气道："嗟呼，燕雀安知鸿鹄之志哉？"也就是说燕雀哪里会懂得鸿鹄的凌云壮志呢？秦二世（胡亥）元年（前209年）七月，陈涉与吴广在大泽乡发动农民起义，建立了中国历史上第一个农民政权。这个政权虽然持续时间不长，却点燃了秦末农民战争的烽火。

天行健，君子以自强不息

这句话出自《易经》，意思是：天（即自然）的运动刚强劲健，相应于此，君子应刚毅坚卓，发愤图强。国务院总理温家宝曾经引用过这句话,他在对澳大利亚、新西兰、斐济和柬埔寨进行正式访问时,每到一国,温家宝都会看望当地华侨。站在身居海外的同胞面前,温家宝曾经动情地说:"'天行健,君子以自强不息;地势坤,君子以厚德载物',我们中华民族就是靠着自强不息,靠着团结和包容,靠着吃苦耐劳、艰苦努力,才能够在自己国家,在世界各地立足。"

关于这句话还有这样一则故事:一位武林高手跪在武学宗师的面前,接受来之不易的黑带。这个徒弟经过多年的严格训练,在武林中终于出人头地。"在授予你黑带之前,你必须接受一个考验。"武学宗师说。"我准备好了。"徒弟答道。出乎徒弟的意料,宗师只是问了一个问题:"你必须回到最基本的问题:黑带的真正含义是什么?""是我辛苦练功应该得到的奖励。"武学宗师等待着他再说些什么,显然他不满意徒弟的回答,但徒弟没有再说什么。最后宗师开口了:"你还没有拿黑带的时候,一年以后再来。"

经过一年的摔打以后,徒弟再度跪在宗师面前,宗师问道:"黑带的真正含义是什么?""是本门武学最杰出和最高荣誉的象征。"徒弟说。武学宗师还是不满意,说:"你仍然没有到拿黑带的时候,一年以后再来。"

又过了一年,徒弟第三次跪在宗师的面前,宗师又问同样的问题:"黑带的真正含义是什么?""黑带代表开始——代表无休止的磨炼、自强不息的精神。""好,你已经可以接受黑带,开始奋斗了。"

志正则众邪不生

这句话出自《三国志·魏书》,意思是:志趣高尚的人,不会产生各种邪念。

岳飞就是一个志趣高尚的人,他从小就立下了报效国家的志向。岳飞生逢乱世,自幼家贫,在乡邻的资助下,拜陕西名师周桐习武学艺,其间,目睹山河破碎,百姓流离失所,萌发了学艺报国的志向,他母亲在他背上刺了"精忠报国"四个字以勉励。在学艺期间,他克服了骄傲自满的情绪,寒暑冬夏,苦练不辍,在名师周桐的悉心指导下,练成了岳家枪,并率领王贵、汤显等伙伴,加入抗金救国的爱国洪流中,最后终于成为伟大的民族英雄。

长风破浪会有时， 直挂云帆济沧海

这句话出自唐李白的《行路难》。这是李白所写三首《行路难》的第一首的最后一句。全诗是："金樽清酒斗十千，玉盘珍馐直万钱。停杯投箸不能食，拔剑四顾心茫然。欲渡黄河冰塞川，将登太行雪满山。闲来垂钓碧溪上，忽复乘舟梦日边。行路难！行路难！多歧路，今安在？长风破浪会有时，直挂云帆济沧海。"

这组诗从内容看，是写在天宝三载（744年）李白在官场被排挤而离开长安的时候。最后两句说明他悲而不伤，他相信尽管前路障碍重重，但仍将会有一天，乘长风破万里浪，挂上云帆，横渡沧海，到达理想的彼岸。

其中"长风破浪会有时"愿乘长风破万里浪，来源于《宋史·宗悫传》。宗悫年少时，有人问他志向，他说："愿乘长风破万里浪。"

宗悫从小就跟着父亲和叔叔舞剑弄棒，练拳习武，年纪不大，武艺已经十分高强。有一天他的哥哥结婚，有十几个盗贼也乘机冒充客人，混了进来。正当前面客厅里人来人往，人们喝酒道贺之际，这伙盗贼却已潜入宗家的库房里抢劫起来。家仆发现了盗贼，大声惊叫着奔进客厅。一时间，客厅里的人都不知如何是好，只有宗悫镇定自若，拔出佩剑，举剑直刺盗贼，家人也呐喊助威。盗贼见势不妙，丢下抢得的财物，赶紧脱身逃跑了。宾客见盗贼被赶走了，纷纷称赞宗悫机敏勇敢，少年有为。当问他将来长大后干什么时，他大声地说："愿乘长风破万里浪。"

不鸣则已， 一鸣惊人

出自《韩非子·喻老》："楚庄王莅政三年，无令发，无政为也。右司马御座，而与王隐（有所暗指的话称'隐'）曰'有鸟止南方之阜（土山），三年不翅，不飞不鸣，嘿然无声，此为何名？'王曰：'三年不翅，将以长羽翼；不飞不鸣，将以观民则。虽无飞，飞必冲天；虽无鸣，鸣必惊人。'"这是这句话最早的典源。

这则故事中的楚庄王，是春秋时代楚国著名的贤君，公元前613年~公元前590年在位。他少年即位，当时朝政混乱，各个政治派别之间相互争斗。为了稳住事态，他在即位的头三年表面上不理朝政，实则暗地里在等待时机。有位大臣不甚理解，试探着问："我们国家来了一只大鸟，三年不飞，不知道是为什么？"他回答说："不飞则已，一飞冲天；不鸣则已，一鸣惊人。"后来，他励精图治，为了楚国的振兴，物色了一大批忠臣良将；他知人善任，广揽人才，重用了苏从、伍参、孙叔敖、沈尹蒸，让他们整顿朝纲，兴修水利，重农务商。在楚庄王的领导下，国家日渐强盛，先后灭庸、伐宋、攻陈、围郑，陈兵于周郊，问鼎周王朝。公元前597年，于今河南荥阳北大败晋军。公元前594年，迫使宋订下城下之盟，并陆续迫使鲁、陈、宋、郑等国归依，使楚国成为春秋五霸之一。

《史记·滑稽列传》也载有楚庄王这件事："齐威王之时喜隐，好为淫乐长夜之饮，沉湎不治，委政卿大夫。淳于髡说之以隐曰：'国中有大鸟，止王之庭，三年不蜚（通'飞'）又不鸣，王知此鸟何也？'王曰：'此鸟不飞则已，一飞冲天；不鸣则已，一鸣惊人。'"这句话的意思是，不飞倒还罢了，但一飞便可冲天；不鸣叫则已，一鸣便能惊人。后世遂用来比喻有才华的人，平时默默无闻，一旦施展才华，就能作出惊人的业绩。

古之立大事者，不唯有超世之才，亦必有坚忍不拔之志

这句话出自宋代苏轼所写的《晁错论》。我国现代著名的数学家华罗庚先生也说过"治学问，做研究工作，就要持之以恒，不怕失败，倒了，爬起来，想一想，再前进"。这两个人的话都说明了一个道理，那就是凡成大事者，都必须要有超强的毅力，或者说要有坚忍不拔的精神。

明代有一个杰出的地理学家、旅行家徐霞客，在他年轻的时候，他的母亲就鼓励儿子"志在四方"，甚至"为制远游冠，以壮其行色"。徐霞客的母亲甚至不顾70岁高龄，还满怀豪情伴同徐霞客游览了荆溪、勾曲（今江苏宜兴一带）。在家人的支持下，徐霞客差不多每年都要外出旅游考察，历时30余年。他北历燕冀，南涉闽粤，西北直攀太华之巅，西南远达云贵边陲，足迹遍及当时14个省，每次当徐霞客旅游考察归来，向母亲和家人谈起所见所闻、各地风土人情以及灵怪惊险之举时，母亲

总是发出朗朗笑声，从心底里感到满足和高兴。

由于有自己的宏伟志向，加上家庭的大力支持，徐霞客不畏寒暑，游历了泰山、天台山、雁荡山、黄山、武夷山、嵩山、落迦山、太和山、恒山、罗浮山、盘山，又邀游了大渡河、金沙江、澜沧江、星宿海（现青海省境内）等，中华大地名山大川尽收眼底，真可谓"饱尝河山美，收尽天下奇"。

不畏浮云遮望眼，只缘身在最高层

这句话出自王安石《登飞来峰》："飞来山上千寻塔，闻说鸡鸣见日升。不畏浮云遮望眼，只缘身在最高层。"

相传东晋咸和年间，天竺僧人慧理登此山，叹曰："此是中天竺国灵鹫山之小岭，不知何年飞来？"因号其峰曰"飞来"，亦名"灵鹫峰"。《登飞来峰》为王安石30岁时所作。皇祐二年（1050年）夏，他在浙江鄞县知县任满回江西临川故里时，途经杭州，写下此诗。这首诗是他初涉宦海之作。此时年少气盛，抱负不凡，想成就一番大事业，正好借登飞来峰抒发胸臆，寄托壮怀，可看做万言书的先声，实行新法的前奏。

这两句的核心意思可以用一个成语"高瞻远瞩"来概括。在中国历史上不乏这样的故事。战国时期，处于楚国之北的郑国，是楚人问鼎中原必经之途，而郑国对于齐国来说，是抑制和抗击楚国的重要堡垒，故郑国是齐楚争夺的焦点。

齐桓公密切注视楚伐郑，了解到南蛮的狼子野心后，为救郑防楚，多次会盟中原各国诸侯，使得形势日趋紧张，大有战争一触即发之势。

公元前656年（楚成王十六年）初夏，齐桓公为遏制楚国北进，亲率齐、鲁、宋、陈、卫、郑、许、曹八国盟军南征攻楚。鉴于当时复杂的形势，楚成王与斗子文高瞻远瞩，制定了利国利民的韬晦之计，采取了尊周天子亲近诸侯政策，使他们一时无法为难于楚。于是，周天子赐胙（古时祭祀供的肉），《史记·楚世家》记载："镇尔南方夷越之乱，无侵中国。"楚国这一策略，不仅取得了与中原各国抗衡的合法地位，而且还可以以奉周天子之命为由，大力攻伐周边不肯称臣纳贡的小国。楚成王开拓疆土灭亡的小国比楚武、文两王时代还要多。

三军可夺帅也，匹夫不可夺志也

这句话出自《论语·子罕》，其意为：军队可以丧失主帅，但人却不可以改变志向。

说起这句话，就不能不提关于陈独秀的一个小故事。陈独秀在1919年的《每周评论》上曾有过《研究室与监狱》的著名论断。他说："世界文明发源地有二：一是科学研究室，一是监狱。我们青年要立志出了研究室就入监狱，出了监狱就入研究室，这才是人生最高尚、最优美的生活。从这两处发生的文明，才是真文明，才是有生命、有价值的文明。"而他说的这些话，并非为逞一时之快的豪言壮语，而是身体力行的自箴之词。1932年当他第五次被捕时，在解往南京的火车上，他呼呼酣睡，毫不在意。当国民党军政部长何应钦向他求字时，他提笔就写了"三军可夺帅也，匹夫不可夺志也"几个大字。在狱中，当他听到有可能被处死的消息时，却毫不畏惧地说："我脑筋惨痛已极，极盼政府早日提我下狱处死，不欲生在此恶浊社会。"真可谓是"三军可夺帅也，匹夫不可夺志也"。

名句里的读书之道

实践出真知

操千曲而后晓声，观千剑而后识器

出自刘勰《文心雕龙·知音》，这句话的意思是弹过一千首曲子后才能够通晓音律，研究过一千把剑后才能够懂得兵器。简单地说就是"实践出真知"。

"实践出真知"的一个典型就是李白。唐朝是我国古典诗歌登峰造极的时代，"诗仙"李白无疑是这个时期一座高耸如泰山般的里程碑。其热情奔放的作品不知令多少人为之倾倒、为之陶醉。而这些作品除了有着诗人冰雪灵气的一面外，更与其心血的浇注与凝练分不开。李白"五岁诵六甲，十岁观百家"，"十五观奇书，作诗凌相如"。更重要的是他"仗剑去国，辞亲远游"，闲踏青山，闲游绿水。正是因为常年游历的经验，因而他才有了"君不见黄河之水天上来，奔流到海不复回"的大气磅礴；才有了"飞流直下三千尺，疑是银河落九天"的奇思妙想，才有了"举头望明月，低头思故乡"的百结愁肠。

不登高山，不知天之高也；不临深溪，不知地之厚也

出自《荀子·劝学》，比喻不实际进行实践，光夸夸其谈是没有用的。

中国历史上最典型的夸夸其谈的例子当然要属只会"纸上谈兵"的赵括了。据《史记·廉颇蔺相如列传》记载，赵国名将赵奢之子赵括，自幼熟读兵书战策，谈起行兵布阵之法便会口若悬河，滔滔不绝，朝野

上下无人能出其右，连威震敌胆的父亲他也不放在眼里，并自以为天下无敌。但知子莫若父，他父亲深知儿子并不是真正如他自己认为的那样是一个合格的将军。公元前259年秦军进犯，此时赵奢已驾鹤西去，赵军以老将廉颇为帅御敌于长平（今山西高平县附近），廉老将军久经沙场，宝刀未老，寸土不让，秦军无法取胜，于是便使用反间计，派人在赵国四处散布说秦国军队畏赵括如虎，而对廉颇则根本不放在眼里。赵王退敌心切，闻听此言后不顾蔺相如及赵括母亲的苦心劝说，火速遣赵括去阵前取代廉颇。赵括雄心勃勃，将前任主帅的英明作战方案全部推翻，按兵书所云，死搬教条地与秦军展开决战，秦军方面在新任上将军白起的指挥下故意几次败北，一路引诱赵军进入埋伏区，又用精兵将赵军切成两段，同时切断后路和粮草通道。赵军在内无粮草，外无救兵的情况下，坚守40天后或缴械投降，或血染疆场，赵括也在突围中被秦军乱箭射死。

知之者，不如好之者；好之者，不如乐之者

出自《论语》，意思是：懂得它的人，不如爱好它的人；爱好它的人，又不如以它为乐的人，这实际是要求人们要对学习拥有浓厚的兴趣。

有人说："兴趣是最好的老师。"法国昆虫学家法布尔，从小就对昆虫产生了浓厚的兴趣，常常长时间观察昆虫的活动。一天夜里，他提着灯笼，蹲在田野里，观看蜈蚣怎样产卵，一连看了好几个小时，他忽然感到周围越来越亮，原来不知不觉中天已经亮了，太阳出来了。还有一次，法布尔爬到一棵树上，聚精会神地观看蜣螂的活动。就在他观察得如痴如醉的时候，突然听到大树下有人大喊："抓住他，抓住这个小偷！"他这才惊讶地发现，原来人们竟把他当做小偷了！

博学之，审问之，慎思之，明辨之，笃行之

出自《礼记·中庸》第十九章，这说的是为学的几个层次，或者说是几个递进的阶段。"博学"意谓为学首先要广泛猎取，培养充沛而旺盛的好奇心。"审问"为第二阶段，有所不明就要追问到底。问过以后还要

通过自己的思想活动来仔细考察、分析，是为"慎思"。"明辨"为第四阶段。学是越辨越明的，不辨，则所谓"博学"就会鱼龙混杂，真伪难辨，良莠不分。"笃行"是为学的最后阶段，既然学有所得，要使所学最终有所落实，做到"知行合一"。

毛泽东就很好地做到了"知行合一"。毛泽东是中共高层领导者中极少没有留学国外的人之一，因此当年一些从苏联留学归来却一事无成的"布尔什维克"们对他不屑一顾，认为他根本不是真正的布尔什维克。但他却博览群书，通今晓古，注重调查研究，思维缜密，行事果决，善于将平生所学融会贯通，活学活用。在党和民族生死存亡之际他力挽狂澜，挽救了中国革命。自"遵义会议"后，毛泽东大智大勇，高瞻远瞩，化腐朽为神奇，率领共产党人从风雨飘摇的漫漫长夜走向旭日东升的黎明。经过史诗般的万里长征，他领导中国共产党驱逐日本强盗，打败蒋家王朝，尤其是那著名的"三大战役"更是灿烂辉煌——以雷霆万钧之力、排山倒海之势，横扫国民党千军万马，在中国乃至世界战争史上留下了一抹绚丽的色彩。

纸上得来终觉浅，　绝知此事要躬行

出自宋代陆游《冬夜读书示子聿》，意思是说，从书本上学习到的知识，总是不够扎实，也不够用。只有经过自己身体力行地去实践，才能够获得全面的知识。

人们都熟悉中国古代的医药名著《本草纲目》，而这本书的作者李时珍对"纸上得来终觉浅，绝知此事要躬行"就有深刻的认识。李时珍的父亲李言闻是当地的名医。李时珍继承家学，尤其重视本草，并富有实践精神，肯于向劳动人民学习。

在行医的十几年中，李时珍阅读了大量古医籍，又经过临床实践发现古代的本草书籍"品数既烦，名称多杂。或一物析为二三，或二物混为一品"（《明外史本传》）。特别是其中许多有毒性的药品，竟被认为可以"久服延年"，而遗祸无穷。于是，他决心要重新编纂一部本草书籍。在编写《本草纲目》的过程中，最使李时珍头痛的就是由于药名的混杂，使药物的形状和生长的情况十分不明。过去的本草书，虽然作了反复的解释，但是由于有些作者没有深入实际进行调查研究，而是在书本上抄来抄去，在"纸上猜度"，所以越解释越糊涂，而且矛盾越来越多，使人莫衷一是。在父亲的启示下，他既"搜罗百氏"，又"采访四方"，深入实地进行调查，搞清了药物的许多疑难问题，于万历戊寅年（公元1578年）完成了《本草纲目》的编写工作。

读万卷书， 行万里路

清代钱泳的《履园丛说》，意思是要多读书还要多实践。要求人们把学习和实践结合起来。

钱泳出生于名门望族却不事科举，也许正因为如此，钱泳才会行万里路，读万卷书，不人云亦云，也才会年过八旬仍著述不辍。

他弱冠之年即离家远行，长年游于异乡，足迹遍及全国。五十年后才回归故里，过起隐居生活来。通常读书人所说的退隐，是指做官的年老多病，做不了官了，回家颐养天年；而钱泳的退隐与这些人不同，因为钱泳一辈子没做过官，故比起做官的退出官场，更像是武林人退出江湖。钱泳的《履园丛话》以内容丰富、资料翔实、文笔流畅而著称。钱泳晚年潜居履园，"于灌园之暇，就耳目所睹闻，自为笔记"，自谦其为"遣愁索笑之笔"。

当然，历史上也不乏只行万里路不读万卷书的例子，项羽就是这方面的典型。项羽少时读书蜻蜓点水，学战术浅尝辄止。其过人之处是"力拔山兮气盖世"，横勇无敌，东讨西杀，也曾一度战绩辉煌，成为"西楚霸王"，但由于勇猛有余，谋略不足，竟然连一个"亚父"范增的话都不能听从和采纳，致使八千子弟也都亡命沙场，最后感到无颜见家乡父老，遂自刎于乌江。

为学须有恒心

锲而舍之， 朽木不折； 锲而不舍， 金石可镂

出自《荀子·劝学》，意思是：（如果）刻几下就停下来了，（那么）

腐烂的木头也刻不断。（如果）不停地刻下去，（那么）金石也能雕刻成功。

人们常用"锲而不舍"来激励自己努力学习，而唐玄奘就是因为有锲而不舍的精神才取得了真经。人们大都知道西游记的故事，书中那惊险刺激的场面不知道迷倒了多少人。而真实的唐僧取经的故事也并不逊色于小说。唐太宗贞观元年（627年），玄奘从长安出发，开始了他的西行之路。他偷渡玉门关，历经5天4夜，艰难地通过了800里大沙漠，又经过千难万险，最后终于到达了印度。

贞观十七年（643年）春，玄奘携带657部佛经，取道今巴基斯坦北上，经阿富汗，翻越帕米尔高原，沿塔里木盆地南线回国，两年后回到都城长安。玄奘此行，行程5万里，历时18年。玄奘取经为佛教和人类进步、世界文明做出了伟大的贡献。

一屋不扫，何以扫天下

出自《后汉书·陈蕃传》，这句话的表面意思是说一个房间都不去打扫，以后又凭什么平定天下呢？其告诫我们成大事者需要从小事做起，踏踏实实地做好生活中的每一件小事。

这个典故说的是东汉时一个叫陈蕃的人的故事。陈蕃少年时懒惰散漫，不屑于做小事，他父亲的朋友薛勤批评他，问他为何不把屋子打扫干净来迎接宾客。他回答说："大丈夫处世当扫除天下，安事一屋？"薛勤当即反驳道："一屋不扫，何以扫天下？"这就是这句话的由来。

周恩来总理堪称"欲扫天下而先扫一屋"的代表，他从小就立下了"为中华之崛起而读书"的宏伟目标。青少年时期他广泛参加了各种社会活动。他办过报纸，做过洋洋万言的演讲，这些对于他日后出任总理有相当大的影响。这说明周总理"扫天下"的光辉革命业绩与他早年的"扫屋"工作是分不开的。

试玉要烧三日满，辨材须待七年期

出自唐代居易《放言》诗："赠君一法决狐疑，不用钻龟与祝蓍。试玉要烧三日满，辨材须待七年期。周公恐惧流言日，王莽谦恭未篡时。

向使当初身便死，一生真伪复谁知？"意思是：要知道事物的真伪优劣，只有让时间去考验。经过一定时间的观察比较，事物的本来面目终会呈现出来的。

元和五年（810年），白居易的好友元稹因得罪了权贵，被贬为江陵士曹参军。元稹在江陵期间，写了五首《放言》诗表达自己的心情，如"死是老闲生也得，拟将何事奈吾何"（其一），"两回左降须知命，数度登朝何处荣"（其五）。白居易与元稹命运相同，过了五年，他也被贬为江州司马。这时元稹已转官通州司马，闻讯后写下了充满深情的诗篇：《闻乐天授江州司马》。白居易在贬官途中，风吹浪激，感慨万千，也写下五首《放言》诗奉和，其中用了周公和王莽两个典故。周公在辅佐成王的时期，某些人曾经怀疑他有篡权的野心，但历史证明他对成王一片赤诚，他忠心耿耿是真，说他篡权则是假。王莽在汉代末时，假装谦恭，曾经迷惑了一些人。《汉书》说他"爵位愈尊，节操愈谦"；但历史证明他的"谦恭"是伪，代汉自立才是他的真面目。

读书之法，在循序而渐进，熟读而精思

这句话的意思是：读书的方法就是要慢慢来、一点一点进行。多读几遍，遇到问题多思考。这是宋朝理学家朱熹在《读书之要》中的一句话，原句是："读书之法，在循序而渐进，熟读而精思。字得其训，句索其旨，未得于前则不敢求其后，未通乎此则不敢志乎彼。先须熟读，使其言皆若出于吾之口，继以精思，使其意皆若出于吾之心。"

孟子的母亲就曾经教育孟子学习要循序渐进，孟子的母亲非常重视对孟子的教育，除了送他上学外，还督促他学习。有一天，孟子从老师子思那里逃学回家，当时孟母正在织布，看见孟子逃学回来，非常生气，就拿起一把剪刀，把织布机上的布匹剪断了。孟子看见母亲把好好的布剪坏了，就惶恐地跪在地上问原因。孟母责备他说："你读书就像我织布一样。织布要一线一线地连成一寸，一寸一寸地连成一尺，再连成一丈、一匹，这样织完后才是有用的东西。学问也是这样，也必须靠日积月累，不分昼夜勤求而来。但是你现在却偷懒，不好好读书，半途而废，就像这段被割断的布匹一样变成了没有用的东西。"

博观而约取，厚积而薄发

这句话的意思是：多多阅读，了解事物，才能有少量的获得；大量地、充分地积蓄，才能少量地、慢慢地释放。形容只有准备充分才能办好事情。出自苏轼《稼说送张琥》："吾今虽欲自以为不足，而众且妄推之矣。呜呼！吾子其去此而务学也哉。博观而约取，厚积而薄发，吾告子止于此矣。子归过京师而问焉，有曰辙子由者，吾弟也，其亦以是语之。"

后来，"博观而约取，厚积而薄发"一直被作为一句学习的名言，激励人们努力学习。

厉归真学画虎的故事就说明了这个道理。五代画虎名家厉归真从小喜欢画虎，但是由于没有见过真的老虎，别人总笑话他把老虎画成病猫，于是他决心进入深山老林，寻找真的老虎，他经历了千辛万苦，后来在猎户的帮助下，终于见到了真的老虎。他通过大量的写生临摹真虎，其画虎技法突飞猛进，笔下的老虎栩栩如生。他从画虎中得到启发，后来又用大半生的时间游历了许多名山大川，最后终于成为一代绘画大师。

千里之堤，溃于蚁穴

出自《韩非子·喻老》，原句是："千里之堤，溃于蚁穴；百尺之室，以突隙之烟焚。"

关于这句话有这样一个故事：黄河岸畔有一个村庄，为了防止黄河泛滥，农民们筑起了一道巍峨的长堤。一天，有个老农偶然发现长堤有一个蚂蚁窝。老农心想这些蚂蚁窝究竟会不会影响长堤的安全呢？他要回村去报告，恰巧路上遇见了自己的儿子。老农的儿子听了以后不以为然地说："坚固的长堤，还害怕几只小蚂蚁吗？"于是就拉老农一起下田了。当天晚上风雨交加，黄河里的水猛涨起来，咆哮的河水开始从蚂蚁窝渗透出来，继而喷射，最后终于堤决人淹。

旧书不厌百回读，熟读深思子自知

这是苏东坡《送安敦秀才失解西归》诗的开头两句。

《送安敦秀才失解西归》是苏轼写给一个名叫安敦的秀才的赠别诗。安敦参加科举考试落第，苏轼写这首诗给他，旨在劝慰、鼓励安敦，希望他不要过分在意考试的成败，而应当回家安心读书，以图东山再起。科举考试命题的依据主要是儒家经典，安敦科场失意，苏轼分析其原因大概是他未能很好地掌握那些经典著作，于是语气委婉地劝慰安敦秀才回家安心读书，不可急于求成，只要熟读深思，自然会理解经典的奥妙，他日定能科场得意，并且在诗的开头就向他介绍了学习经典的要领："旧书不厌百回读，熟读深思子自知。"

千里之行，始于足下

出自《老子》第六十四章："合抱之木，生于毫末；九层之台，起于累土；千里之行，始于足下。"

千里的行程，是一步一步走出来的。

夏衍在《〈学人谈治学〉代序》中也引用了这句话："千里之行，始于足下，要建筑百丈高楼，不先打好地基是不行的。"

不积跬步，无以至千里

出自《荀子·劝学》，这句话的意思是：认准方向朝着理想，从小处做起，一步一步地积累着，走下去，就能够成功。

陈景润的事迹就很好地诠释了这句话的意思。提起我国数学家陈景润，恐怕没有人不知道，人们每次谈起他，就会把他与那颗数学王冠上的明珠——哥德巴赫猜想联系起来。但人们也会想到关于他的其他一些逸事，比如那几麻袋、十几麻袋的草稿。当然也会想到，在通向这座科学高峰的千里路上，攀登者是怎样一步一步地艰难向前的。

学无止境，求之有方

文章合为时而著，歌诗合为事而作

这句话包含两方面的意思：一方面是反映时事，另一方面是为现实而作，反映的事情不一定是时事，但目的是为了现实。出自唐代白居易《与元九书》，他在《与元九书》中说："自登朝来，年齿渐长，阅事渐多，每与人言，多询时务，每读书史，多求理道，始知文章合为时而著，歌诗合为事而作。"当时白居易响亮地提出了"文章合为时而著，歌诗合为事而作"的口号。"为时而著"的"时"，即时代之义也。"为时而著"，对于读书人而言，它意味着自己对时代的一种关注，对现实社会的一种关切，对改造社会、促进社会进步的一种责任和使命。

这是白居易为新乐府运动提出的一句口号。新乐府运动是九世纪初元稹和白居易发起的。所谓乐府诗，是指东汉末年至唐代，即从二世纪后半叶至七世纪初，可以用作歌词来歌唱的那些诗，以及沿用这种诗题仿作的诗，如李白的《行路难》《蜀道难》等，而所谓新乐府，是指模仿乐府诗而又不再用乐府的旧标题，而依据内容另取一个新标题的那些诗，唐宪宗元和年间，即公元九世纪最初二十年，安史之乱已过去了半个世纪，唐王朝终于又从衰乱中想有所作为了。于是整顿赋税，以增加财政收入，平定了几个藩镇的叛乱，使全国终于从形式上完成了统一。诗坛也逐步摆脱八世纪下半叶那种内容单薄、形式精巧的诗风，不仅出现了以韩愈为首的奇崛险怪的诗派，也出现了以白居易为首的新乐府派，新乐府运动有两个最突出的特点，一是主张诗歌要为政治服务，即诗要"为君为臣为民为物为事而作，不为文而作"（《新乐府序》），据说白居易写诗一改再改，一直改到不识字的老妇人都能听懂为止。在这种背景下，白居易提出了这句"文章合为时而著，歌诗合为事而作"的口号。

非学无以成才，非志无以成学

出自诸葛亮的《诫子书》，意思是：不学习就不能扩充自己的才能，没有志向就不能成就自己的学业。这句话既是诸葛亮用来指导儿子学习的，也是他自己成才的经验总结。

诸葛亮所处的襄阳隆中之地不仅仅是一个环境优美的地方，同样是一处人文荟萃之咽喉要地，天下风云，百姓生活的各种信息和风景尽收眼底，使他能够充分了解那时的社会，并且立下了宏伟的志向。更重要的是，诸葛亮能够将诸子百家的观点、各派学说加以分析比较，从而吸取诸家之长集于一身而高于当时的儒生俗士，还有他广交庞统、徐庶、孟建、石涛、庞山民等一大批杰出的精英人物，取百家之长，汇千江之勇而成一海之雄，一面潜心学习、一面留心时事，时机成熟时挺身而出，成为收拾金瓯一片的英雄。

道之所存，师之所存也

出自《韩愈·师说》，意思是道理或真理在谁那里，谁就是老师。

韩愈的师说主要宣扬了要尊师重道的道理。中华民族从历史上就有尊师重道的优良传统，也留下了许多"尊师重道"的故事，"程门立雪"就是其中比较典型的一个。

据《宋史·杨时传》载：有一天，杨时和游酢去拜见程颐，恰巧程颐在睡午觉，于是二人站在门外等候。这时，天上开始下起了大雪，二人一直没有离去，直到程颐醒来，门外积雪已有一尺厚了。他们这时才踩着积雪走进去。有宋一代，程朱理学成为显学，杨时上承程颐，下启朱熹，闻名天下。于是，名师与名徒就成了学界佳话。元代，谢应芳在《龟山稿》卷七《杨龟山祠》曰："卓彼文靖公，早立程门雪，载道归东南，统绪赖不绝。"杨时号龟山，后代以此典故作为尊师重道的典范。程门立雪，有的简称"立雪"。如元虞集《道园学古录》卷十二《回吴先生庆初度启》有"将车昔念于聚星，就业常容于立雪"的话。

学然后知不足

出自《礼记·学记》："是故学然后知不足，教然后知困。知不足然后能自反，知困然后能自强也。故曰教学相长也。"学习之后，才知道自己的缺点。

这句话主要是劝诫人要不断地学习。我国南朝文学家江淹，早年以文章著名，被誉为"江南才子"，后来他不思进取，不愿继续学习，最后留下了"江郎才尽"的笑话。我国古代还有这样一则寓言，讲的是一个楚国人学习驾船的故事。起初他的师傅在平静的水面教他，不几日，他便能操舟自如。于是他以为自己"尽操舟之术"，不愿继续学习，就辞别了师傅。后来他驾舟到江里去，江里浪涛翻滚，他只落得"四顾胆落，坠桨失舵"。

青，取之于蓝，而青于蓝

出自《荀子·劝学》，意思是青是从蓝草里提炼出来的，但颜色比蓝更深，比喻学生超过老师或后人胜过前人。

康有为和梁启超是中国历史上非常有名的两师徒。康、梁二人都曾是近代中国历史上向西方寻求真理的先进人物，康有为是梁启超治学和从政的导师。

1890年春，在同学陈千秋的引荐下，年仅18岁的梁启超前来拜访已33岁的康有为。此时的梁启超刚在广东乡试中考取第八名举人，可以说是少年有为，二人见面之后，聊了好几个时辰，康有为以"大海潮音，作狮子吼"（佛教用来形容佛祖说法时的词语），当头棒喝之后，使他明白以前所学的不过是应付科举考试的敲门砖而已，根本不是什么学问。经过一番思考之后，他毅然决定拜监生康有为为师。

从康有为那里，梁启超学到了一些做学问的基本方法，为他以后的学术活动奠定了坚实基础，从此，在康有为的引导下，梁启超逐渐成长为康有为的得力助手。

起初，梁启超对康有为唯师命是从，可渐渐地，他阅读了大量的西方资产阶级著作，因此政见发生了显著变化，在西方资产阶级思想的影响下，梁启超的政治主张也从保皇转向革命。

1902年，本着"吾爱孔子，吾尤爱真理；吾爱先辈，吾尤爱国家；吾爱故人，吾尤爱自由"的想法，梁启超公开发表文章，认为教不必保，也不可保，从今以后，只有努力保国而已，与康有为相比，梁启超反对复辟倒退，维护共和，追求立宪，这种观点比起康有为要进步得多，可谓是"青，取之蓝，而青于蓝"了。

敏而好学，不耻下问

出自《论语·公冶长》，原句是：子贡问曰："孔文子何以谓之文也？"子曰："敏而好学，不耻下问，是以谓之文也。"

这段话讲到孔子对于孔文子的评论。孔文子，姓孔名圉，是卫国的大夫。文子的"文"的来源,是中国古代的谥法。什么是谥法呢?就是一个人死后的定论。这是一件很慎重的事,只有中国历史文化才有,连皇帝都逃不过谥法的褒贬。中国古代做皇帝、做官的最怕这个谥法,怕他死后留下万世的骂名。因此他们为国家做事情,要想争取的是万世之名,不愿死后替子孙留下臭名,更不愿在历史上留个骂名。皇帝死了就由大臣集议,或史官作评语,像汉朝的文帝、武帝,称谓"文""武",都是谥法给他们的"谥号"。曾国藩,后人称他曾文正公,"文正"两字是清朝给他的谥号。死后的评语够得上称为"文成""文正"的,上下五千年历史,虽然有几亿的人口,其中却数不出几个人,最多一二十人而已。

那时,卫国有个大夫叫孔圉,虚心好学,为人正直。孔圉死后,授予他的谥号为"文",所以后来人们又称他为孔文子。孔子的学生子贡有些不服气,于是就去问孔子:"老师,孔文子凭什么可以被称为'文'呢?"孔子回答说孔圉聪敏又勤学,不以向职位比自己低、学问比自己差的人求学为耻辱,所以可以用"文"字作为他的谥号。

而孔子本身也是一个"不耻下问"的典范。一次,孔子去鲁国国君的祖庙参加祭祖典礼,他不断向人询问,差不多每件事都问到了。有人在背后嘲笑他,说他不懂礼仪,孔子听到这些议论后说:"对于不懂的事,问个明白,这正是我要求知礼的表现啊。"

非学无以致疑,非问无以广识

这句话的意思是:不学习,就不会知道自己不知道的问题(自己的疑惑);不问人,就无法让自己的知识广泛(充实)。语出自刘开《问说》,原文是:"君子之学必好问。问与学,相辅而行者也,非学无以致疑,非问无以广识。好学而不勤问,非真能好学者也。理明矣,而或不达于事,识其大矣,而或不知其细,舍问,其奚决焉?"

爱因斯坦说:"提出一个问题往往比解决一个问题更为重要。"

北宋时大文学家范仲淹就非常注意提出问题。他做桐庐太守的时候在钓鱼台建了一个严先生祠堂(纪念严光),自己作了一文,说:"云山苍苍,江水泱泱。先生之德,山高水长。"他写成后,对自己的文章不十分满意。后来他把文章给他的好朋友李泰伯看,李泰伯建议把"德"字改成"风"字,这样做既可以与前边的"云山""江水"相呼应,并且更有韵味。范仲淹觉得李泰伯言之有理,便接受了他的建议。

嬉笑怒骂,皆成文章

这句话的意思是:不拘题材形式,任意发挥,皆成妙文。出自宋代黄庭坚《东坡先生真赞》,原文是:"(苏)轼与弟(苏)辙,师父(苏)洵为文,既而得之于天。尝自谓:'作文如行云流水,初无定质,但常行于所当行,止于所不可不止。'虽嬉笑怒骂之词,皆可书而诵之。其体浑涵光芒,雄视百代,有文章以来,盖亦鲜矣!"

苏东坡诗词文赋,颇爱嬉笑怒骂,这是当时公论,后人有褒有贬,论说不一。苏东坡写文章喜好讥讽,喜欢嘲笑,可见苏东坡坦荡磊落的胸襟,也正因为如此,他得罪了不少人,铸就乌台诗案,并因此而困顿终生。然而,没有嬉笑怒骂,就没有东坡之真面目,也没有宋代文学之异彩纷呈。

开卷有益

这句话的意思是读书总有好处。出自宋代王辟之《绳水燕谈录·文儒》:"太宗日阅《御览》三卷,因事有阕,暇日追补之,尝曰:'开卷有益,朕不以为劳也'。"宋初,宋太宗命李昉等编了一部书,全书共一千卷,共搜集和摘录了一千六百多种古籍的重要内容,分类归成五十五门,是一部很有参考价值的书。这部书是在宋太宗的太平兴国年间完成的,因此原定书名为《太平编类》。

另据《春明退朝录》或《宋实录》等载:宋太宗对这部书很感兴趣,编成以后,他自己规定,每天至少要看二至三卷,一年之内,就全部看完了,所以这部书后来叫做《太平御览》。

当时有人认为,皇帝既处理国家大事,每天还要阅览这部书,未免太辛苦,于是劝他少看一些,也不一定每天都得看,应注意休息。可是宋太宗却说:"朕性喜读书,颇得其趣,开卷有益,岂徒然也。"

这就是"开卷有益"这句话的由来。

文章本天成，妙手偶得之

出自宋代陆游《文章》。

这两句是陆游对于写文章的心得，而最能够注解他的这种心得的，无非是他那首著名的《钗头凤》："酥手，黄縢酒，满城春色宫墙柳。东风恶，欢情薄，一怀愁绪，几年离索。错，错，错！春如旧，人空瘦，泪痕红浥鲛绡透。桃花落，闲池阁，山盟虽在，锦书难托。莫，莫，莫！"

前人评论陆游《钗头凤》词说"无一字不天成"。而诗人之所以能够偶得这样的一首词，与诗人特殊的经历有关：绍兴十四年（1144），二十岁的陆游和表妹唐婉结为夫妇。二人青梅竹马，婚后相敬如宾，唐婉又是个才华横溢的奇女子，于是他们两个整日花前月下，吟诗作对。这却引起了陆母的不满，她认为唐婉影响了陆游的科举前程，于是在其母和封建礼教的极大压制下，二人被迫分手，十年后在沈家园，陆游与唐婉不期而遇，可心中的玉人已成他人之妻。陆游饱含着热泪和深情，在沈园的粉壁上写下了这首：《钗头凤》！正因为词人亲身经历了这千古伤心之事，所以才有了这千古绝唱之词。

好读书，不求甚解

这句话的意思是：喜欢读书，但读书只求领会要旨，不刻意在字句上下工夫。出自东晋陶渊明《五柳先生传》。这是陶渊明自己的学习心得。晋代著名诗人陶渊明，家住浔阳一带，当时他的家乡水旱灾害连年不断，陶渊明一家过着非常清苦的生活。陶渊明二十几岁时在江州做了个名叫"祭酒"的学官。他对官场非常失望，没过多久，就辞官回家。陶渊明读书，主要在于领会文章的要旨，不在于在字句上花工夫。成语"不求甚解"原意是读书只求领会要旨，了解一个大概，现多指学者不求深入理解，或了解情况不深入。宋代理学家陆象山也在语录中说："读书且平平读，未晓处且放过，不必太滞。"

在中国古代，有很多事务繁忙的将领、帝王都是用这种方法来读书的。诸葛亮也是这样来读书的，据王粲的《三国志·诸葛亮传》说，诸葛亮与徐庶、石广元、孟公威等人曾一道游学读书,"三人务于精熟,而亮独观其大略"。

学而不思则罔,思而不学则殆

出自《论语》,比喻一个人学习时,如果只知死记硬背,而不加以思考、消化,那他就毫无收获。

《南齐书·陆澄传》中记载了这样一个故事:"陆澄当时称为硕学,读《易》三年,不解文义,欲撰《宋书》竟不成,王俭曰:'陆公,书橱也。'"后来,人们将只知读书而不会灵活运用的人戏称为"书橱"。

诺贝尔奖获得者卢瑟福也遇到过类似的事情。有一天深夜,他看见实验室还亮着灯,走进去一看,见自己的一个学生仍伏在工作台上紧张地工作着。于是他们之间有了一段对话。卢瑟福问:"这么晚了,你还在干什么?"

学生回答:"我在做一个实验。"

"那你白天在做什么呢?"

"做实验。"

"你早上也在做实验吗?"

"是的。"

"你每天都如此吗?"

"是的。"学生期待着赞赏。

可是,卢瑟福皱了一下眉头,问道:"那么,你用什么时间来思考呢?"

书山有路勤为径

莫等闲,白了少年头,空悲切

出自宋代岳飞《满江红》,这是一首气壮山河、光照日月的传世名作。

建炎三年(1129年),金将兀术率金军南侵,杜充率军弃开封南逃。

是年秋，兀术继续南侵，高宗被迫流亡海上。岳飞率孤军坚持敌后作战，他先在广德攻击金军后卫，六战六捷。次年，岳飞在牛头山设伏，大破金兀术，收复建康，金军被迫北撤。七月，岳飞升任通州镇抚使兼泰州知府，拥有人马万余，建立起一支纪律严明、作战骁勇的抗金劲旅"岳家军"。

绍兴六年（1136年），岳飞再次出师北伐，攻占了伊阳、洛阳、商州和虢州，继而围攻陈、蔡地区。但岳飞很快发现自己是孤军深入，既无援兵，又无粮草，不得不撤回鄂州（今湖北武昌）。此次北伐，岳飞壮志未酬，写下了名词《满江红》："怒发冲冠，凭栏处，潇潇雨歇。抬望眼，仰天长啸，壮怀激烈。三十功名尘与土，八千里路云和月。莫等闲，白了少年头，空悲切！靖康耻，犹未雪。臣子恨，何时灭？驾长车，踏破贺兰山缺！壮士饥餐胡虏肉，笑谈渴饮匈奴血。待从头，收拾旧山河，朝天阙！"

因为"莫等闲，白了少年头，空悲切"有惜时的意思，后来，这句话常作为勉励人努力学习的名言。

三更灯火五更鸡，正是男儿发愤时

出自唐代颜真卿《劝学》，这句话的意思是，人生是短暂的，我们应该珍惜每一分每一秒，努力学习。全诗为："三更灯火五更鸡，正是男儿发愤时。黑发不知勤学早，白首方悔读书迟。"说起"三更灯火五更鸡"就不能不说中国历史上著名的"闻鸡起舞"的故事。晋代的祖逖是个具有远大抱负的人，可他小时候却是个不爱读书的淘气孩子，进入青年时代，他意识到自己知识的贫乏，于是就发奋读书。他广泛阅读书籍，认真学习历史，学问大有长进。后来，祖逖和幼时的好友刘琨一起担任司州主簿。他与刘琨感情深厚，不仅常常同床而卧，同被而眠，而且还有着共同的远大理想。

一次，祖逖在睡梦中听到公鸡的鸣叫声，他一脚把刘琨踢醒，对他说："别人都认为半夜听见鸡叫不吉利，我偏不这样想，咱们干脆以后听见鸡叫就起床练剑如何？"刘琨欣然同意。于是他们每天鸡叫后就起床练剑。春去冬来，寒来暑往，工夫不负有心人，经过长期的刻苦学习和训练,他们终于成为能文能武的全才。后来,祖逖被封为镇西将军,实现了他报效国家的愿望;刘琨做了都督,兼管并、冀、幽三州的军事,也充分发挥了他的文才武略。

业精于勤荒于嬉,行成于思毁于随

出自韩愈的《劝学解》,意思是说学业由于勤奋而精通,但它却荒废在嬉笑声中,事情由于反复思考而成功,但它却能毁灭于随随便便。

古往今来,多少成就事业的人的经历就很好地说明了这个道理。

战国时期的苏秦,开始时虽有雄心壮志,但由于学识浅薄,跑了许多地方都得不到重用。外出游历多年,弄得穷困潦倒,狼狈地回到家里。兄嫂、弟妹、妻妾都私下讥笑他,说:"周国人的习俗,人们都治理产业,努力从事工商。如今您丢掉本行而去干耍嘴皮子的事,穷困潦倒,不也应该嘛!"

于是苏秦再次发奋学习,努力读书,有时读书读到深夜,为防止打盹,他就把头发吊在梁上。有时实在疲倦,他就用锥子刺自己的大腿,刺得鲜血直流。他用这种"锥刺股"的特殊方法,驱逐睡意,振作精神,坚持学习,后来终于学有所成。

几年之后,苏秦已经身佩六国的相印,成为当时最有权势的人物之一,他出行的时候车仗百骑,各国诸侯全都派使者前来送行,权势与威仪已经超过了帝王。

只要工夫深,铁杵磨成针

这句话出自宋代祝穆《方舆胜览·磨针溪》比喻只要有决心,肯下功夫,多么难的事都能做成。这句话说的是著名诗人李白小时候的故事。

李白出生于一个富商家庭,吃穿不愁,他从小就过着无忧无虑的生活。这种生活使他养成了贪玩的习性,所以他上课不认真听讲,有时索性丢下书本,偷偷地溜到外边去玩。有一次,李白来到一个破茅屋前,看见门口坐着一个满头白发的老婆婆,正在磨一根棍子般粗的铁杵。李白走过去问道:"老婆婆,您在做什么?"

"我要把这根铁杵磨成一根绣花针。"老婆婆抬起头,对李白笑了笑,接着又低下头继续磨着。"绣花针?"李白又问,"是缝衣服用的绣花针吗?""这可太不容易了!"老婆婆抬起头来说:"铁棒磨成针是不容易,可是,时间长了就可以磨成针了"。李白从老妇人的话中得到启示:学习不也是这样吗?只要天天认真学习,就会不断进步。

李白回到家,便一改往常贪玩的习性,天天用功学习,刻苦钻研,为以后写诗打下了坚实的基础。

少壮不努力, 老大徒伤悲

出自汉乐府《长歌行》,意思是:小的时候不努力,等到将来要用的时候后悔就来不及了。这首诗的原文是:"青青园中葵,朝露待日晞。阳春布德泽,万物生光辉。常恐秋节至,焜黄华叶衰。百川东到海,何时复西归?少壮不努力,老大徒伤悲。"这是汉代乐府古诗中的一首名作。尤其是最后这句"少壮不努力,老大徒伤悲",一直是催人奋进的名言,激励着人珍惜青春,努力学习。

"囊萤夜读"这个典故就是一个少壮时努力学习的例子。这个典故说的是晋代人车胤,他家境贫寒,没钱买灯油,但他很喜欢读书。一天晚上,他正在院子里背一篇文章,忽然看见许多萤火虫在低空中飞舞。一闪一闪,在黑暗中特别耀眼。他突发奇想:如果把许多萤火虫集中在一起,不就成为一盏灯了吗?于是,他立即去找了一只白绢口袋,抓了几十只萤火虫放在里面,再扎住袋口,把它吊起来。虽然不怎么明亮,但可勉强用来看书了。从此,只要有萤火虫,他就去抓一把来当做灯用。这就是"囊萤夜读"典故的由来。

逝者如斯夫, 不舍昼夜

出自《论语》,孔子的这句话虽指时间像流水一样不停地流逝,感慨人生世事变化之快,亦有惜时之意。后人往往用此句来勉励人们珍惜时间,勤奋为学。

中国历史上有很多珍惜时间,勤奋为学的人。晋代的孙康就是一个珍惜时间的典型,由于家贫,他没钱买灯油,晚上不能看书,只能早早睡觉。他觉得让时间这样白白浪费,非常可惜。一天半夜,他从睡梦中醒来，发现窗缝里透进一丝光亮。原来，那是大雪映出来的，他发现可以利用它来看书。于是他倦意顿消，取出书籍，来到屋外，看起书来。此后，每逢有雪的晚上，他就不放过这个好机会，孜孜不倦地读书。

　　同样勤奋的还有汉朝时的匡衡，他小时候家里也很穷，晚上家中没有蜡烛照明。邻居家有灯烛，但光亮照不到他家，匡衡就把墙壁凿了一个洞引来邻居家的光亮，借着微弱的灯光读书。靠着这种勤奋的精神，匡衡终于成了大学问家。

名句里的处世之道

俗语里的哲思

万事俱备，只欠东风

这句话出自《三国演义》。

三国时代，在赤壁发生了一次著名的战役，叫"赤壁之战"。

曹操号称拥军百万，雄居北方，想吞并南方。东吴、西蜀就联合起来，一起对抗曹操。东吴的统帅周瑜和西蜀的军师诸葛亮决定利用曹操狂妄自大的轻敌情绪，采用火攻的作战方案。于是周瑜用反间计，让曹操杀死将领蔡瑁、张允。又让庞统假作献计，骗曹军把战船连在一起。然后，让老将黄盖用"苦肉计"去诈降曹操。实际上，黄盖在船中装满了容易燃烧的物品，准备以诈降的方式向曹营发起火攻。

一切都安排好了，就缺一个很重要的条件，因为要向北岸曹军放火，必须依仗着东南风才能办到。当时正当隆冬季节，天天都刮西北风。周瑜忧急成病，卧床不起。诸葛亮却胸有成竹，诸葛亮拜访周瑜，说是可以治他的病，随即把药方写了出来："欲破曹公，宜用火攻，万事俱备，只欠东风。"并对周瑜说，自己能呼风唤雨，借三天三夜东南风来帮助周瑜放火。到了预定的日期，果然东南风大作，周瑜顺利地执行了他的火攻计划。赤壁之战，曹操吃了败仗，从此奠定了"鼎足三分"的局势。

我不杀伯仁，伯仁因我而死

语出《资治通鉴·晋纪》。

故事说的是晋朝中宗时期，朝中重臣王敦起兵谋反之事。王氏当时是一个豪门大族，王敦时任江州牧，兼荆州刺史。在祖逖死后，王敦自恃文韬武略无人能敌，对中央的命令阳奉阴违，晋元帝很是恼火。此时，晋元帝宠信刘槐、刁协两个人，对这两个人言听计从。王敦自认为水平高过刘槐、刁协，却不受重用，大为光火，于是起兵造反，两万精兵，从武汉直扑南京，晋朝中央大惊。

王敦的哥哥王导及家族其他人都受到了牵连，在宫外候罪。这时，正好周伯仁进宫，王导请其说情。周伯仁表面没予理睬，但随后向皇帝进言为王导开罪，并上书为王导请命。王导不知内情，所以对周伯仁怀恨在心。

后来，王敦掌握了大权，问王导要不要杀掉周伯仁，王导一言不发，导致了周伯仁的被杀。一天，王导从文库中找到了周伯仁以前的奏折，这才恍然大悟，认识到自己冤枉了周伯仁，于是痛哭流涕地说："我不杀伯仁，伯仁因我而死，幽冥之中，负此良友！"此后，"我不杀伯仁，伯仁因我而死"就成了一句俗语流传开来。

一人得道，鸡犬升天

典故出自《晋·葛洪·神仙传·卷六·刘安》："时人传八公、安临去时，余药器置在中庭，鸡犬舐啄之，尽得升天，故鸡鸣天上，犬吠云中也。"

《艺文类聚·卷第七十八·灵异部上·仙道》中也有这个故事："汉淮南王刘安，言神仙黄白之事……俗传安之临仙去，余药器在庭中，鸡犬舐之，皆得飞升。"

这实际是根据西汉淮南王刘安，谋反事败而被迫自杀的历史典故而编的。因为刘安生前炼丹修道，道家便为之编一神话：刘安拜八公为师，习道炼丹。丹炼成后，尚未服用，就听说汉武帝已派人来逮捕他。八公告诉刘安，他已经得道，可以即时服丹成仙。于是，刘安与家人服下丹药，成仙升天。剩下的仙丹，让门外的鸡犬抢着吃了。当刘安与家人来到天上，空中传来一阵鸡鸣狗叫声，原来它们也上天成仙了！"一人得道，鸡犬升天"是对一人做官，全家享福的生动讽喻。

死诸葛逼走活仲达

这个典故出自《三国演义》。在三国时,诸葛亮率兵征讨魏国,后来在五丈原病逝。临去世时,他命人用木头刻了一个自己的雕像安放在轮椅上,并对姜维说:"我死后,司马懿(字仲达)一定会乘机攻打蜀军,所以千万不要发丧,军队徐徐退回,万一魏军前来,便把轮椅推出,这样一定能退去魏兵。"

诸葛亮吩咐完便溘然长逝。司马懿很快就得到了诸葛亮已死的消息,便率领军队前来攻营。快接近蜀军大寨时,只听后山一声炮响,喊杀声震动山谷。司马懿抬头一看,只见蜀军中军大将正护着一辆轮椅,轮椅上坐着诸葛亮。司马懿这一惊非同小可,心想:"孔明未死,我又中计了!"急忙勒马往回逃,司马懿一口气逃出五十余里地。背后蜀军乘势追赶,魏兵纷纷逃命。

后来,就有了"死诸葛逼走活仲达"这句俗语。

兔死狗烹, 鸟尽弓藏

语出《史记·越王勾践世家》:"范蠡遂去,自齐遗大夫种书曰:'飞鸟尽,良弓藏;狡兔死,走狗烹。越王为人长颈鸟喙,可与共患难,不可与共乐。子何不去?'"比喻事情成功后,把出过力的人抛弃或杀死。《淮南子·说林训》:"狡兔得而猎犬烹,飞鸟尽而强弩藏。"

"鸟尽弓藏"这是古人经常用来忠告后人的。范蠡是春秋时越王勾践的主要谋臣。他为勾践策划一切,指挥军事,灭了吴国,称霸中原。越国灭掉吴国以后,范蠡大夫就对文种大夫说,咱们的任务已经完成了,越王勾践这个人是可以共患难而不能共富贵的,你要记住,飞鸟尽,良弓藏;狡兔死,走狗烹。范蠡大夫就走了,到了陶地,改名换姓,叫做陶朱公,成了一个大富翁,得以善终。文种大夫不走,文种说,你看我立了这么大的功劳,现在是摘桃子的时候我干吗要走啊?后来,越王勾践送给他一柄剑,同时带了一句话。勾践说,先生交给寡人七种杀人的办法,寡人只用了三种就把吴国给灭了,还剩下四种没有地方用啊,是不是就在先生身上试一试呢?文种一听就明白了,然后自杀了。这就是

"兔死狗烹,鸟尽弓藏"这个典故的来历。后人据此感叹世态炎凉。

浪子回头金不换

　　传说在明朝的时候,有一个财主晚年得子,取名为天宝。天宝从小娇生惯养,长大后游手好闲,老财主怕儿子这样下去保不住家业,便给他请了个先生。在先生的管教下,天宝渐渐地变得知书识礼了。不久,天宝的父母不幸双双去世,天宝的学业从此中断。

　　先生一走,天宝的狐朋狗友又找上门来。天宝故态萌发,不到两年,万贯家财花了个精光,最后落得靠乞讨为生。一天晚上,他借书回来,因地冻路滑,再加上一天粒米未进,一跤跌倒后,再也没有力气爬起来,就这样跌倒在路旁。

　　这时,王员外正好路过,把他救醒了,王员外问清了他的家世,很同情他,便把他留在身边做女儿腊梅的先生。天宝刚开始只管教书,时间一长,不禁犯了老毛病,对腊梅动手动脚。腊梅气得找父亲哭诉,王员外听后不动声色,写了一封信,把天宝叫来,对他说:"天宝,我有一件急事需要你帮忙。"天宝说:"员外对我恩重如山,无论什么事,我决不推辞!"王员外说:"我有一个表兄,住在苏州一孔桥边,烦你到苏州把这封信送给他。你这就起程吧!"说完,给天宝二十两银子作为盘缠,让他上路了。

　　天宝到了苏州,却发现到处都是孔桥,天宝找了半个多月,也没找到王员外表兄的住处,眼看着盘缠快花完了,他打开信一瞧,不禁羞惭万分,只见信上写着四句话:"当年路旁一冻丐,今日竟敢戏腊梅;一孔桥边无表兄,花尽银钱不用回!"看完信后,天宝想:"王员外非但救了我的命,还保住了我的名声,我为什么不能挣二十两银子,还给王员外,当面向他请罪呢?"于是,天宝振作精神,不但挣了二十两银子,还中了举人。三年后,回到了王员外家,手捧一封信和二十两银子跪在王员外面前,王员外一见面前的举人是天宝,接过书信和银子。王员外打开信一看,原来是三年前他写的那封。不过,在他那四句话后又添了四句:"三年表兄未找成,恩人堂前还白银;浪子回头金不换,衣锦还乡做贤人。"

从此,"浪子回头金不换"这句俗语便流传开来。

不见棺材不落泪, 不到黄河不死心

这则俗语在民间有这样一个故事:从前有家姓关的人家,一直过的是贫苦日子,当家的两口子就给自己的儿子起了个名字叫"财"。关财八岁这年,遇上天灾,爹娘都饿死了,撇下关财自己靠要饭为生。关财每天白天要饭,晚上就在邻居黄员外的墙头下边练吹箫。日子长了,关财吹箫的本领大有长进,引来很多人天天听他吹箫。黄员外有个闺女,名叫黄河。这个黄小姐整天闲着没事,就天天趴在窗口听关财吹箫。还经常差丫环把关财叫到绣楼下面吹。有一回,黄小姐听得入了神,把一方丝帕掉到了楼下,正好落到关财的箫上。关财心想,这肯定是小姐暗中送情,从此就对黄小姐产生了爱慕之心。

时间长了,这事被黄员外知道了,便派了家丁把关财逮进府里,狠狠地揍了一顿,并告诉他以后不准在小姐绣楼下吹箫。

关财被打得不轻,回家以后就得了病,一直没好。

黄小姐听不到关财吹箫,整天闷闷不乐。一天,她实在忍不住了,就瞒着他爹叫丫环去找关财,这才知道关财挨了打有了病。这个时候,关财的病一天比一天厉害。可也没有办法,黄小姐只好差丫环一天一趟前去打听消息。

过了几天,丫环从关财家回来说:"关财的病一天比一天厉害,睡得昏昏沉沉,还一个劲儿叫你的名字。怕他是活不成了。"

于是,黄小姐想偷着去看关财,哪知道在第二天清早,关财就死了。黄小姐来到关财的坟头上大哭起来,她的眼泪落到关财的坟头上,就听关财的坟头"叭"的一声裂开了。关财复活了,也终于见到了小姐黄河。

"不见棺材不落泪,不到黄河不死心"作为一句俗语就传开了。

死无葬身之地

传说在明朝末年的一天,大旅行家徐霞客一路旅行来到一座桥边,只见桥头黑压压站满了人,而在桥中间有两个张牙舞爪的家丁正在大叫:"行人不得过桥。"过了一会儿,只见一辆接一辆的犁耙车从桥上通过,原来是当地的大财主赵大耕田归来。这个赵大,是方圆几十里的恶霸,常常不择手段地掠夺百姓的土地。徐霞客打算惩治一下赵大。

徐霞客打听到赵大正在寻找"风水宝地",便将计就计,把自己打扮成一位风水先生,来到赵大门前。赵大见他仪表不俗,就把他请到家里,求他找块好坟地。徐霞客装模作样地掐算了半天,猛然说:"不好,你恐怕是死无葬身之地!"赵大一听,大怒道:"你胡扯!我有千顷良田,怎么会没有安身之地?"徐霞客说:"你若不信,咱们打赌。我在纸上写上'死无葬身之地'六个字,等中午一时三刻把它放出去,如果落在你的地界,我愿受罚;落不到你的地界,你付我纹银百两。"赵大答应下来,说话间天气突变,风越刮越大。到了中午一时三刻,家人便把那张纸抛了出去。那张纸顺着风势,越飘越远。家人们整整追了一个下午,才回来向赵大报告说纸落入别人地界了。赵大一听,吓得不一会儿就死了。原来,徐霞客是一位气象学家,他断定不久要起风,所以就想出这个办法,达到了为民除害的目的。

无事不登三宝殿

俗语说"无事不登三宝殿",比喻没事不会登门造访,只要登门,必是有事相求。这个俗语来自于佛教。在佛教中,佛、法、僧为三宝。以佛讲法,僧保守之,此三者有互相联系的神圣关系。三宝所在之殿当然就是三宝殿了,就是佛教信徒登场做法事的"大雄宝殿"。照常礼说,发生了什么事才应去三宝殿呢?初一、十五拜佛诵经当然要去;新年、节日祈福祭天必定要去;战争、灾荒、婚丧、生日、病痛等常常要求神拜佛肯定要去;法事、仪式、招魂必要拜佛上香、请僧人出庙,也必然要去;躯体康复、考试中举、生儿育女因许愿还愿也要去三宝殿……可见,无事的话,没有人会去三宝殿骚扰的。

匈奴未灭, 何以家为

《史记·卫将军骠骑列传》中记载了这句话,这个典故与霍去病有关。

霍去病是今山西临汾西南人。他是武帝卫皇后的姐姐少儿和霍仲儒的非婚生子，他的舅舅卫青是汉朝的大将军；后来因战功赫赫，和舅舅不相上下，甚至超过了舅舅。西汉初年，北方匈奴屡为边患。武帝时国力强盛，开始对匈奴的侵略进行反击。霍去病擅长骑射，在公元前123年，随大将军卫青出征，北击匈奴时，他率领八百精锐骑兵离开大部队几百里去追击匈奴，最后歼敌二千零二十八人，其中有相国和单于的祖父，活捉单于叔叔，战后封为冠军侯。汉武帝很喜欢这个名将，曾下令给他建造府第，霍去病却拒绝了。他说："匈奴未灭，何以家为？"元狩六年（公元前117年），霍去病因病而死，年仅23岁，武帝悲痛异常，给他修建了陵墓，其外形很像祁连山，还追封他为景桓侯。

冰冻三尺，非一日之寒

"冰冻三尺，非一日之寒"是一句谚语。汉代哲学家王充在他的名著《论衡》的《状留篇》中，曾有相似的说法："河冰结合，非一日之寒；积土成山，非斯须之作。"意思是说：河水结成冰，不是一天骤然寒冷的结果；用泥土堆积成高山，也不是短时间所能办到的。现在我们引用"冰冻三尺，非一日之寒"这句话的时候，主要是用它来比喻事情的发生早有前因，并非偶然。

不过，关于"冰冻三尺，非一日之寒"这句谚语，还有一种说法。有人说在它字面原意之外，却还有另外的含意，那就是把"寒"字借用为"嫌"字。"嫌"[xián]，是怀恨的意思。这句话表面上是说"非一日之寒"，意思却是说：怀恨已久，"非一日之嫌"。为了不愿明说"嫌"，便用"寒"字借代；为了使"非一日之寒"这句话说得生动、形象，便以"冰冻三尺"作比喻。实际上，现在这句话作为一句俗语，所应用的范围已经越来越广了。

路遥知马力，日久见人心

这句俗语，民间流传源于一个传说：

路遥和马力是好朋友，路遥的父亲是富商，马力的父亲是路遥家的仆人。虽然是主仆关系，两人的关系很好；他们一起读书，一起玩耍。

到了该谈婚论嫁的年龄了，有一天，媒人给马力提亲，马力大喜，但是却要昂贵的彩礼。马力只好请路遥帮助，路遥说："借钱可以，但是结婚入洞房我来替你前三天。"马力怒火冲头，但是又没有办法，只好答应。

结婚后马力煎熬过痛苦的头三天，第四天天一黑就一头栽进洞房拉被蒙头就睡觉。新娘子就问："夫君，为何前三夜都是通宵读书，今天却蒙头大睡？"马力这才知道路遥给他开了个大玩笑，他被有钱的朋友给耍了。于是发誓好好读书，考取功名。后来还真考上了并在京城做了大官。

路遥性情豪放、侠肝义胆，却坐吃山空，家境日渐败落。看到自己一家实在无法度日，于是就和老婆商量自己进京找马力帮助。

路遥见到马力说明来意，马力却说只管他吃喝，根本没有帮助他的意思，路遥很恼火。

过了几天，马力说："路兄，你回家吧，免得嫂夫人牵挂！"路遥只得气愤沮丧地回家。

路遥还没进家就听见家里哭成一片，急忙进门，看到妻儿守着一口棺材痛哭。原来是马力派人送来棺材说，路遥到京城后，生了重病，医治无效而死！路遥恼怒异常，拿把斧子就把棺材劈了。棺材一破，他顿时惊呆了，里面是金银财物，还有一张纸条，上面写道：你让我妻守三天空房，我让你妻痛哭一场。

上山容易下山难

第一个登上珠穆朗玛峰的新西兰人希拉里就说过意思相近的话："攀登珠峰的关键并不只是登上顶峰，我甚至觉得能够安全下山更为重要。"他是在究竟谁才是登上珠峰第一人的争论中发表意见时说的这番话——据说在希拉里之前，有两个英国人也很可能已经登顶，只是在下山途中发生意外，遇难身亡了。

中国登山队副总指挥尼玛次仁接受媒体采访时说的话也有类似的意思："登山不是登顶就结束了，还得安全返回才算成功。如果要登山的话，一定要留够回来的时间。"

为什么下山会这么困难呢？这是因为上山时消耗了大量的体力，下山的动作又大异于平常行走。

上山时重力重心是向下，而自身的作用力是向上，两力方向相反；下山时重力重心是向下，自身作用力也是向下，弄不好前冲力过大，会发生危险。

酒香不怕巷子深

从古代就流传着这样一个故事，说是有一家卖白酒的，在很深的巷子里开店，很多人担心巷子太深，不好找，怕他的白酒卖不出去。店主非常自信地告诉担心的人，只要他的酒好，不管在哪里卖，不但能够卖出去，而且越来越多的人会知道他的白酒。果不其然，他的白酒不但卖出去了，而且好酒名声远播，这就是千古传唱的，酒香不怕巷子深的典故。

关于这句话的来历还有一个传说。

在泸州老窖国宝窖池所在地泸州南城营沟头，在明清时代有着一条很深很长的酒巷。酒巷附近有8家手工作坊，其中，酒巷尽头的那家作坊因为其窖池建造的最早，所以，在8家手工酿酒作坊中最为有名。传说在1873年的时候，中国洋务运动的代表张之洞出任四川的学政，他沿途饮酒作诗来到了泸州，刚上船，就闻到一股扑鼻的酒香，他就请仆人给他打酒来。谁知仆人一去就是一个上午，张之洞等得又饥又渴，才看见仆人慌慌张张抬着一坛酒一路小跑回来。正在生气，仆人打开酒坛，顿时酒香沁人心脾，张之洞猛饮一口，顿觉甘甜清爽，于是气也消了，问道，你是从那里打来的酒？仆人连忙回答，小人听说巷子最里面的一家酒最好，所以，小人穿过长长的酒巷到了最后一家作坊里买的酒。张之洞点头微笑：真是酒香不怕巷子深啊！

斫断手指头

潮汕人比喻某些人做错了事之后决心痛改前非，或指某个人下定了决心，就用"斫断手指头"这个俗语。

这个俗语起源于一个故事。唐朝安史之乱时，当时名将张巡守睢阳城，浴血奋战。但寡不敌众，只好派手下大将南霁云去求救兵。南霁云带了三十名骑兵，奉命突围到附近的临淮关搬救兵。敌军数万人发现南霁云等的踪迹，就四面拦截，不放他过去。南霁云左右驰射，人马所到之处，都使得敌军神摇目眩。南霁云突围成功，到达淮阳时只损失了两名部下，唐朝的将军们妒忌张巡的威名，不愿出手相救。临淮的守将贺兰进明，尤其如此。南霁云悲愤至极，在宴会中拔出佩剑，砍断一根手指，当场斥责贺兰进明自私，座中之人不禁为之泪下。

后来，睢阳城破，张巡、南霁云等被俘不屈，以身殉国。人们有感于南霁云的忠勇刚毅，"斫断手指头"的这个典故，也随之流传开来。

螺蛳壳里做道场

公元1142年，抗金名将岳飞父子和岳飞的女婿张宪在风波亭被奸臣秦桧以"莫须有"的罪名杀害了，狱卒隗顺，因同情忠臣一心为国反而无辜蒙冤而死，便打算冒险掩埋岳飞等人的遗体，但该埋在什么地方呢？思来想去，忽然心里一亮：为什么不把他们埋在螺蛳壳堆里呢？

于是，隗顺便悄悄地将岳飞等人的遗体背出城外，扒开螺蛳壳，把他们掩埋了，然后又把螺蛳壳盖在上面。这一切做得人不知，鬼不觉，毫无破绽，此后，每到清明节，隗顺都要到那里祭拜一番。

20年后，宋孝宗即位，主战派张浚等人上书，请求为岳飞昭雪，宋孝宗为收买人心，便以重金寻访岳飞等人的遗骨。这时，隗顺已经去世。隗顺的儿子看到告示，便悄悄地在告示旁贴了一张条，上面写着这样一句话："欲觅忠臣骨，螺蛳壳里寻。"

有人报告给了宋孝宗，宋孝宗立刻派人到螺蛳壳堆里去寻找，果然在那里找到了岳飞等人的遗骨，于是，朝廷选择了黄道吉日，把他们的骸骨迁葬在栖霞岭。为了超度亡魂，宋孝宗又请了120个和尚到原葬地做全堂水陆道场。

临安的百姓听说宋孝宗为岳飞等人做道场，便成群结队到原葬地祭拜。途中，人们相互询问："今天究竟在哪儿做道场？"人们便回答："螺蛳壳里做道场。"这句话就这样作为一个典故传开了。

一不做，二不休

这句话出自唐·赵元一《奉天录》中记载的一个故事。在唐朝德宗时，有支军队在长安发动叛变，拥立原卢龙节度使朱泚（cǐ）为皇帝。朱泚自称大秦皇帝，拜张光晟（shèng）为副将。唐德宗命令李晟逼近长安领兵讨伐朱泚。

张光晟率兵驻扎在九曲，与李晟军对阵。张光晟见李晟军声势浩大，心中害怕知道自己不是对手，心想不如另寻出路，于是暗中派心腹与李晟联络。李晟表示欢迎他归降朝廷，并向朝廷请求为其减罪。于是张光晟就带领部下投降了。李晟为他向德宗上奏章，要求对张光晟减罪任用。后来，李晟带了张光晟参加宴会，华州节度使路元见到张光晟怒道："决不与反贼同席！"李晟没有办法，只得把张光晟软禁起来，听候朝廷处治。不久，德宗下旨，认为张光晟罪不可赦，理应处死。张光晟在临死之前说："传话后人，第一莫做，第二莫休。"

俗语"一不做，二不休"由此而来，比喻不做则已，既然已经做了，就索性做到底。有时这句俗语也说作"一不做，二不休，扳不倒葫芦撒不了油。"

说曹操，曹操到

这句话说的是汉献帝时，李傕与郭汜火拼，汉献帝曾一度脱离险境，但李郭二人合兵后继续追拿汉献帝。有人说曹操平剿青州黄巾军有功，可以救驾，然而信使未出联军已经杀到。汉献帝走投无路之际，夏侯惇奉曹操之命率军"保驾"成功，并将李郭联军击溃，曹操被加封官爵。

这是民间说法，与三国演义有所不同。《三国演义》第十四回"曹孟德移驾幸许部"中记述："曹操在讨伐董单之后，山东黄巾又起，他与济北相鲍信共同讨伐黄巾，招安降兵三十余万。自此曹操威名日重，被朝廷加封为镇东将军。董承、杨奉护驾至洛阳后，仍担心李傕、郭汜来犯，故奏请献帝，宣曹操入朝，以辅王室。操接旨后，尽起山东之兵，赶来洛阳护驾。"于是就有了"说曹操，曹操到"的说法。

两虎相斗，必有一伤

意思是：比喻力量强大的双方相搏斗，至少会有一方受到伤害。

这句话出自《战国策·秦策二》："今两虎诤人而斗，小者必死，大者必伤。"

《史记·春申君列传》中也说："天下莫强于秦楚，今闻大王欲伐楚，此犹两虎相与斗。"

关于这句话还有一个故事，卞庄子是打虎的能手，有一次卞庄子看见两只老虎正在吃一头牛，立即拔剑在手，准备刺杀。身旁的小僮劝阻他说："您看两只老虎，正在共食一牛，一定会因为肉味甘美而互相搏斗起来。两虎相斗，大者必伤，小者必死。到那时候，您刺杀伤虎，就能一举两得。"卞庄子觉得小僮说得很有道理，便在一旁等待。过了一会儿，两只老虎为了争肉而撕咬起来，小虎被咬死，大虎也受了伤。这时，卞庄子跳出去，挥剑猛刺伤虎，不费大力，就刺死伤虎，于是一举而获得两虎。

牛皮不是吹的，火车不是推的

相传在黄河上游一带，水急浪高，难以行舟，为此当地的人常用牛、羊皮制成筏子渡河，它是由几个形状像袋子的牛皮口袋联结而成的，平时就像是口袋，使用时才用嘴将皮筏吹起来，需要有很大的力气才能做到。于是那时就有了"吹牛皮"一语，因为如果不用足够的力气，光谈空话，皮筏是吹不起来的。所以，人们就常对光说空话的人说："你有本事就到河边吹牛皮看。"当然，有没有本事一试就见分晓。后来，人们就把那些既无知识，又无工作能力，爱说空话大话，夸大其词的人叫做"吹牛皮"了。

而牛皮不是吹的，就是从这里演变而来的，这句话有时也说作"牛皮不是吹的，火车不是推的"。

三百六十行，行行出状元

这句话出自《白兔记·投军》中记载的一个小故事。

传说在宋朝的时候，有个叫叶元清的刚刚被点为状元，于是得意洋洋地骑着高头大马，在街上走。走到一个路口时，被一个樵夫挡住了去路，衙役们高喊让道，樵夫停在路口说："新科状元有什么了不起！如果我小时候能够上学，现在也是一个状元！"叶元清闻言大怒，喝道："山村匹夫，不自量力！还是老老实实砍柴去吧。"樵夫说："天下学问多的是，就说砍柴吧，我想怎么砍就怎么砍，你能吗？"状元不信，樵夫拿过一块方木，并在上面画了一条线，然后举起斧头往下一劈，咔嚓一声，正巧沿线劈开了木头。这时，又走过来一个卖油翁，说："雕虫小技，如果我是樵夫，我也能这样！"叶元清一听，就说："又来了一个说大话的！那好，我买你一斤九两油，但得用手倒。"卖油翁哈哈大笑，取出一个瓶子，又在瓶口放了一个铜钱，拿起油桶便倒。只见油如同一根线一样落入钱眼中，称一称，一点儿不差，正好一斤九两。

叶元清为两人的表演所折服，叹了口气说："真是三百六十行，行行出状元啊！"

歇后语里的典故

楚霸王举鼎 ——力大无穷

楚霸王就是项羽，公元前232年生于相（今宿迁）城南梧桐巷。在宿迁民间流传着"霸王举鼎"的传说。秦末农民起义风起云涌，24岁的项羽和叔父项梁在江南起兵。项梁派项羽去联络桓楚一起反秦。桓楚趾高气扬地说："如果你能敌万人，我们就服你，我的院中有一大鼎，足千斤重，你能举得起来吗？"项羽先让桓楚手下4名壮汉一起举鼎，然而大鼎却像生了根似的丝毫未动。然后，他大步走到鼎前，握住鼎足，用力一举，生根似的大鼎被高高举起，而且连着举了三次。桓楚惊呆了，于是满口答应，跟从项羽起义。

关于这个故事还有另外一个版本。少年时代的项羽有一次路过沭阳虞家沟，救了一个落水的姑娘，这个姑娘就是虞姬，但项羽没有留下姓名就走了。虞姬的心里一直挂念着这位不知姓名的救命恩人。有一天虞姬的哥哥去赶宿迁的庙会，庙里有个千斤铜鼎，好多人上前去试，都没搬动半分。有一个青年竟然能将铜鼎举过头顶。虞姬的哥哥见这位举鼎人很像妹妹描述的救命恩人，就邀请项羽到家中做客。虞姬发现哥哥领来的小伙子正是自己的恩人，虞姬父母见他俩郎才女貌，天生的一对，就定下了他们的婚事。以后,虞姬跟随项羽南征北战,也留下了霸王别姬的故事。

姜太公钓鱼——愿者上钩

故事出自《武王伐纣平话》卷下:姜尚因命守时,立钩钓渭水之鱼,不用香饵之食,离水面三尺,尚自言曰:"负命者上钩来!"

"太公",就是周初的姜尚,又称姜子牙。姜太公用直钩不挂鱼饵钓鱼,愿意上钩的鱼,就自己上钩。比喻心甘情愿地上圈套。

姜太公是辅佐周文王、周武王灭商的功臣。他在没有得到文王重用的时候,隐居在陕西渭水边一个地方。他常在番溪旁垂钓,但太公的钓钩是直的,上面不挂鱼饵,并且离水面三尺高。他一边高高举起钓竿,一边自言自语道:"不想活的鱼儿呀,你们愿意的话,就自己上钩吧!"

别人对他说:"老先生,像你这样钓鱼,100年也钓不到一条鱼的!"太公说:"对你说实话吧!我不是为了钓到鱼,而是为了钓到王与侯!"

太公奇特的钓鱼方法,传到了姬昌那里。姬昌知道后,认为这个钓者必是位贤才,要亲自去请他。于是他吃了三天素,洗了澡,换了衣服,带着厚礼,前往番溪去聘请他。太公见他诚心诚意来聘请自己,便答应为他效力。根据这个故事,人们编成了"姜太公钓鱼——愿者上钩"的歇后语。

周瑜谋荆州——赔了夫人又折兵

这句话出自《三国演义》第五十五回末,周瑜急急下得船时,岸上军士齐声大叫:"周郎妙计安天下,赔了夫人又折兵!"瑜怒曰:"可再登岸决一死战!"黄盖、韩当力阻。瑜自思曰:"吾计不成,有何面目去见吴侯!"大叫一声,金疮迸裂,倒于船上。众将急救,却早已不省人事。

故事说的是,刘备借得荆州之后,周瑜派鲁肃几番跟刘备讨还荆州,都被诸葛亮用计谋说辞搪塞过去。无奈之下,周瑜想出一计:刘备刚丧妻不久,于是就让孙权许诺将妹妹嫁给他,然后趁刘备到东吴的时候,扣押刘备,再图荆州。

但是诸葛亮识破了周瑜的计谋,传授了三个锦囊给赵云,到了东吴,刘备依计而行，娶了孙夫人，并且在孙夫人的帮助下离开了东吴。周瑜不甘心，率领大军围追阻截，被孔明布置好的军队打得落花流水，急忙登船逃跑。

于是诸葛亮让士兵齐喊："周郎妙计安天下，赔了夫人又折兵！"周瑜又气又恼，伤口迸裂，昏倒在船上。

王羲之写字——入木三分

出自唐朝张怀瓘《书断·王羲之》："王羲之书祝版，工人削之，笔入木三分。"

王羲之字逸少，晋朝时会稽（今浙江绍兴）人，是我国著名的书法家，他的书法功力深厚，博采众长，却自成一家，数代人都称誉他为"书圣"（书法圣贤）。因为他曾经做过右军将军，所以后人又称他为王右军。现今在他留下来的书帖中最著名的有《兰亭序》《黄庭经》等。

王羲之的字写得这样好，固然与他的天资有关系，但最重要的还是由于他的刻苦练习。他为了把字练好，无论休息还是走路，心里总是想着字体的结构，揣摩着字的结构、间架和气势，而且不停地用手指头在衣襟上画着，所以时间久了，连身上的衣服也划破了。

相传有一次，当时的皇帝要到北郊去祭祀，让王羲之把祝词写在一块木板上，再派工人雕刻。刻字者把木板削了一层又一层，削进三分深度，才见底！王羲之的笔力雄劲，书法技艺炉火纯青，笔锋力度竟能入木三分啊！

周瑜打黄盖——一个愿打，一个愿挨

《三国演义》第四十六回到第四十九回详细讲述了这个故事。诸葛亮草船借箭以后，又不谋而合地与周瑜一起提出了火攻曹操水旱大营的作战方案。一天夜里，周瑜正在帐内静思，黄盖潜入帐中来见，也提出火攻曹军的作战方案。周瑜告诉黄盖要使曹操堕于诈降计，必须有人受些皮肉之苦。黄盖当即表示：为报答孙氏厚恩和江东的事业，甘愿担当此任。

第二天，周瑜召集诸将于大帐之中，黄盖故意反对周瑜，周瑜勃然大怒，喝令左右将黄盖推出帐外，斩首示众。黄盖也不示弱，他以江东旧臣的资格倚老卖老，根本就没把周瑜放在眼里。周、黄矛盾的激化使诸将不安。大将甘宁以黄盖乃东吴旧臣为由，替黄盖求情，被一阵乱棒打出大帐。众文武老将不愿见黄盖死在眼前，就一齐跪下，苦苦为黄盖讨饶。看在众人的面子，周瑜这才将斩决改为重打100脊杖。行刑的士兵把黄盖掀翻在地，剥光衣服，狠狠地打了50脊杖。众官员见状再次苦苦求免，周瑜这才恨声不绝地退入帐中。周瑜和黄盖导演的双簧苦肉计，瞒过了所有的文武官员。

黄盖回到营中后转请素有忠义和胆识的阚泽替他潜去曹营代献诈降书信。为了为火攻创造更有利的条件，周瑜又巧妙地让庞统潜至曹营，为曹操献上了将战船拴到一起的"连环计"。建安十三年（208年）十一月二十日，孙刘联军方面已作好大战前的准备与部署。是夜将近三更时分，东南风渐起，并越来越急。黄盖也将准备好的20只大船，装满芦苇干柴，浇上鱼油，铺好引火用的硫黄、焰硝等物，最后一举烧毁曹营，曹操只得仓皇从华容道逃跑。

司马昭之心——路人皆知

这句话出自《三国志·魏书》，说的是三国时司马昭的故事。三国时，魏王朝大权渐渐旁落，魏国政权由曹氏渐入司马氏手中。战功卓著的司马懿与魏宗室为权势明争暗斗。嘉平元年（249年），司马懿在洛阳发动政变，杀死曹爽，诛灭曹爽集团，他的儿子司马师和司马昭也都握着军事重权，尤其是司马昭，在位至大将军后，权重一时，大肆屠杀曹氏家族人员。后来司马师废曹芳，另立曹髦为帝。司马师之弟司马昭更加专横跋扈，自为相国，恣意妄为，后来又逼曹髦封之为晋公，加九锡，司马昭假装推辞，密谋篡夺帝位。实为傀儡皇帝的曹髦忍无可忍，于是召集亲信大臣密商对策。曹髦愤怒地说道："司马昭之心，路人所知也！我不能坐以待毙，今天和你们共商大计，铲除这个逆贼！"魏甘露五年（260年）夏，曹髦率三百余人向司马昭发起进攻。司马昭早有准备，所以曹髦的人马顷刻间被瓦解，曹髦也被杀死，司马昭杀曹髦后，立曹奂为帝。后来司马昭儿子司马炎于265年废曹奂，自立为帝，建立西晋。

后来人们就用"司马昭之心,路人皆知"这句话来形容人所共知的阴谋或野心。

《宋史·卷四七一》中也有此语:"无君之恶,同司马昭之心;擅事之迹,过赵高指鹿为马。"

八仙过海——各显神通

相传,在蓬莱岛上住着八位仙人。一次,他们在蓬莱阁上聚会饮酒,酒至酣时,铁拐李提议乘兴到海上一游。众仙齐声附和,并言定各凭道法渡海,但是不得乘舟。

首先,汉钟离率先把大芭蕉扇往海里一扔,袒胸露腹仰躺在扇子上,向远处漂去。然后何仙姑将荷花往水中一抛,顿时红光万道,仙姑伫立荷花之上,随波漂游。随后,吕洞宾、张果老、曹国舅、铁拐李、韩湘子、蓝采和也纷纷将各自的宝物抛入水中,借助宝物大显神通,游向东海。

东海龙王率虾兵蟹将出海观望,言语间与八仙发生冲突,引起争斗。八仙各展神通,上前厮杀,虾兵蟹将抵挡不住,纷纷败下海去,隐伏水底。八仙则在海上往来叫战。四海龙王见状,急忙调动四海兵将,准备决一死战。正在这时,恰好南海观音菩萨经过,喝住双方,并出面调停,然后双方罢战,言归于好。

韩信点兵——多多益善

这句话出自《史记·淮阴侯列传》中韩信和刘邦的一段对话。汉元年(前206年),韩信背楚投汉,随汉王刘邦来到南郑(今汉中市汉台区)。这位曾经"乞食漂母""胯下受辱"的七尺伟男并非懦夫,而是大智若愚的将才。被刘邦委以"治粟都尉"小职的韩信常在丞相萧何面前谈及自己的抱负,萧何发现韩信为"国士无双"的军事奇才,便大力向汉王举荐。刘邦终于采纳了萧何的建议,在汉中设坛拜将,把统帅三军的大权授予韩信。雄才大略的韩信用明修栈道,暗度陈仓之策夺三秦,后又逐鹿中原,消灭项羽,为刘邦夺得天下,成为西汉王朝开国功臣。

后来在丞相萧何的推荐下,韩信做了大将军,为刘邦建立西汉立下了汗马功劳。刘邦封他为齐王，后又改封为楚王。

刘邦称帝以后，有人密报韩信将要"谋反"，刘邦听后采取了陈平的计谋，把韩信骗到皇宫夺了他的兵权，把他从楚王降为淮阴侯。有一次，刘邦和韩信谈论武将的本领，刘邦问韩信，像他自己那样的人能带兵多少，韩信说，刘邦不过能领兵十万。汉王又问："那么，你能带多少兵？"韩信答："我多多益善"，即越多越好。

刘邦听后哈哈大笑，不禁问道："既然你带兵越多越好，怎么会被我捉住呢？"韩信解释说："您虽然不能将兵，但善于用将。这就是我之所以被您捉住的原因。"

千里送鹅毛——礼轻人意重

这句话出自徐谓的《路史》，说的是唐朝贞观年间的一个故事。

当时西域回纥国是大唐的藩国，一次，回纥国为了表示对大唐的友好，便派了个叫缅伯高的使臣，背了只天鹅去长安进贡。这天，缅伯高来到沔阳河边，只见白天鹅伸长脖子，张着嘴巴，吃力地喘息着，便打开笼子，把白天鹅带到水边让它喝了个痛快。谁知白天鹅喝足了水，一扇翅膀，扑棱一声飞上了天！缅伯高向前一扑，只拔下几根羽毛，眼睁睁看着它飞得无影无踪。一时间，缅伯高捧着几根鹅毛，直愣愣地发呆："怎么办？进贡吗？拿什么去见唐太宗呢？回去吗？又怎敢去见回纥国王呢？"思前想后，缅伯高决定继续东行，他拿出一块洁白的绸子把鹅毛包好，又在绸子上题了一首诗："天鹅贡唐朝，山重路更遥。沔阳河失宝，回纥情难抛。上奉唐天子，请罪缅伯高，物轻人意重，千里送鹅毛！"

缅伯高带着鹅毛，披星戴月，不久就到了长安。唐太宗接见了缅伯高，缅伯高献上鹅毛。唐太宗听了缅伯高的诉说，非但没有怪罪他，反而觉得缅伯高忠诚老实，不辱使命，就重重地赏赐了他。

从此，"千里送鹅毛——礼轻情义重"便作为一句歇后语广为流传。

十五的月亮——十六圆

这与天文现象有关系，月亮运行到对地球来说正好跟太阳相反的方向时，我们可以看到一轮圆月，这叫"望"。当月亮运行到相反的位置时,月亮被太阳照亮的半面正好背着地球,我们看不见月亮,这叫"朔"。由"望"到"望",或由"朔"到"朔",这叫一个朔望月。在农历上,朔一定在农历的每月初一,但望却不一定要在每个月农历的十五,因为朔之后平均起来要再经过 14 天 18 小时 22 分才是望,因此,望月常常不是发生在十五的晚上。当然,如果朔发生在初一的清晨,那么望会发生在十五的晚上。朔望月的长度与其平均值可以相差到 6 个小时,因此,望月也可以延迟到十七晚上才发生。

"十五的月亮十六圆",就是这个道理。当然,由于月亮环绕地球的公转速度并不均匀,有时快,有时慢,由此,望恰好发生在中秋夜的年份也是有的。

见怪不怪——其怪自败

南宋洪迈所著《夷坚志》中有一篇《姜子家猪》,记载了一个奇怪的故事:这年春天,姜七隐约听到后院有人的哭声,开门去看,却又没有声音。有一天,五个客人来住店。半夜里,他们听到了悲悲切切的哭声。他们循着哭声来到猪圈旁边,原来是一头老母猪在哭。留宿的客人很奇怪,喝曰:"畜生扰人清梦,何故啼哭?"母猪说道:"我本是姜七的亲母,我生前以养猪、卖猪为业,靠此发家。我死之后,受罚投生为猪,如今后悔莫及……"第二天早晨,客人们把昨夜见到的事告诉姜七,劝他奉养那头老母猪。姜七曰:"畜生之言,何足为信,吾已数月来知之矣。见怪不怪,其怪自败,何必大惊小怪?"于是叫人来把母猪杀了。《清·曹雪芹·红楼梦·第九十四回》中也有此话:"'见怪不怪,其怪自败',不用砍他,随他去就是了。"

百尺竿头——更进一步

这个歇后语是一个佛门传说。

宋朝时候,长沙有一位法名景岑的得道高僧,一天大师应邀到一座寺院的法堂上讲经说法。有些弟子悟性很强,深奥的佛法禅意,经法师一讲,就明了融会了;有些人虽半懂不懂,也装作完全领悟的样子,频频点头。一段讲解结束,有一位勤学好问的弟子提出了一系列的问题,大师都一一给予答复,最后徒弟问:"十方世界是西天明珠,学僧如何方能到达?"师曰:"百尺竿头不动人,虽然得入未为真。百尺竿头须进步,十方世界显全身。"

这个歇后语道家也有一个小故事:

明朝,江南有一个书生一心修道,在家乡多年修行也不见长进。有一天,书生遇到了一个骗子,那人见这书生带着许多银子,又知他求道心切,就冒充武当山三清庙当代掌门人惠真道长,说可以收他为徒。书生再三拜谢,并求他传道。那人见书生始终不肯放下那沉甸甸的包袱,就推说时机不到。两人坐船过河,骗子说:"传道的时机到了。"他用手指着那根高高的桅杆,说:"道,就在桅杆顶上,你爬上去,就能获得最高的道了。"书生急忙放下包袱,一步一步吃力地爬了上去。当他终于爬到顶端时就回过头来问道长:"道在哪里呢?"但道长早背着银子包袱逃之夭夭了。船上的人们哄然大笑。但书生一愣神,恍然大悟似的高喊道:"我得道了,我得道了!"大家认为他因为银子被骗走,急疯了。书生急忙解释说:"你们想,这桅杆那么高,爬到顶,若再往上爬一步,不就掉下来摔死了吗?这告诉了我一个道理,为人做事要适可而止,否则物极必反,会吃大亏的。"

赵巧儿送灯台——一去不回来

这句话出自鲁班和他徒弟之间的故事。鲁班是我国历史上传说的能工巧匠,他有一个徒弟叫赵巧,生得聪明能干,虚荣心也很强,很多木活在工艺上已超过师傅,于是就骄傲起来,经常发难师傅鲁班。后来,东海龙王要求鲁班帮忙给他做一个灯台,鲁班很快做好了,这个灯台很神奇,据说是只要一到晚上,神灯就自动发亮。只要借到神灯的光,不但可以驱邪消灾,还可以嘘寒问暖、养颜美容,更为神奇的是还可以照出人的前世今生!

鲁班把赵巧叫来,交给他两个灯台,叫他交给龙王,由他选择一个,并说是两个灯台中一好一差,最好是把差的拿回来,里面装有避水机关。赵巧来到东海边,打开灯台的避水机关,海水立刻分开成一条水道,赵巧从水道中来到了龙宫。鲁班叫他把好灯台送龙王,赵巧自作聪明地将差一点的灯台送给了龙王。他以为，凭借自己的聪明才智，自己也能够制作一个能避开水的灯台，然后自己将好灯台揣在怀中带回。谁知他不管怎么做，也无法做出一个避水机关，他分不了水，再也回不了地面了。这就是后来歇后语"赵巧送灯台——一去不回来"的典故。

大水冲了龙王庙——一家人不认一家人

很久以前，东海岸边有座龙王庙。离龙王庙不远的地方有块菜地，菜地边上有一座庙。庙里的老和尚和种菜的老头是好朋友。

有一天，老头神秘地对老和尚说："方丈，有件奇事，原先我那二亩菜园子都是我自己打水浇，可自从昨天开始，等我去浇园子时，菜园子都已浇过了，也没看见是谁给浇的。"和尚听了也觉得奇怪，早早地来到菜园，在离那口水井不远处藏了起来。天快亮时，忽听"咔嚓"一声，从井内飞出一只像鹅似的怪物。只见它两只大翅膀"呼扇"了几下，菜就全部浇好了。

老和尚练过武，第二天夜里，他带了把宝剑，等那只怪物刚一飞出井口时，一个箭步上去猛刺了几下。顿时，"轰隆"一声巨响，井裂开个几亩大的口子，大水翻滚。眨眼间，连几里外的龙王庙前也是一片汪洋。

这下惹怒了龙王，带领水兵前来与那怪物交战。怪物因寡不敌众，现了原形。原来它是龙王的三太子，因犯了律条，被贬出了东海，受罪三年。三太子为了立功，想在凡间做些好事，不想被和尚刺了一剑，一怒之下，掀开海眼，淹了龙王庙，从而惹起了祸端，自家人打了起来。

李林甫当宰相——口蜜腹剑

这个典故来源于《资治通鉴·唐纪·玄宗天宝元年》。

李林甫是唐玄宗时的"兵部尚书"兼"中书令"，这是宰相的职位。他能书善画，但品德低下。他忌才害人，凡才能比他强、声望比他高的人，权势地位和他差不多的人，他都不择手段地想方设法给以排斥打击。对唐玄宗，他诌媚奉承。他竭力讨好玄宗宠信的妃嫔以及心腹太监，取得他们的欢心和支持。李林甫外貌上总是露出一副和蔼可亲的样子，但实际上，他的性格非常阴险狡猾，常常暗中害人。有一次，他装作诚恳的样子对同僚李适之说："华山出产大量黄金，如果能够开采出来，就可大大增加国家的财富。"

李适之连忙跑去建议玄宗快点开采。玄宗立刻把李林甫找来商议，李林甫却说："华山是帝王'风水'集中的地方，别人劝您开采，恐怕是不怀好意。"玄宗相信了他的话，认为他真是一位忠君爱国的臣子，反而逐渐疏远了李适之。

徐庶进曹营——一言不发

故事出自《三国演义》。徐庶是《三国演义》中一位足智多谋的人物，曾做过刘备的军师。后因曹操假冒徐母笔迹致书徐庶，后来便有了一句歇后语"徐庶进曹营——一言不发"，表示始终保持沉默之意。

徐庶，刘备早期的谋士，开始时化名单福，初见刘备是为了试验刘备，对刘说："你坐下所骑的卢马眼下有泪槽，是妨主之马，你可以先将他送给你记恨的一个人，待妨过此人之后再骑就不会有事了。"当时刘备很生气，说先生怎么可以教我如何去害别人呢？徐庶感动于刘备的仁德，便追随刘备。后来曹操手下的谋士模仿了其母亲的笔迹写了一封劝降信给徐庶。徐庶是大孝之人，收到信后含泪拜别刘备，投奔曹营。临行前，徐庶曾向刘备表示："纵使曹操相逼，庶亦终身不设一谋。"但是到达之后，知道上当受骗，后来果真没有给曹操出过一个计策。

这段故事后来演变成一句歇后语：徐庶进曹营——一言不发。

伍子胥过昭关——一宿白了头发

这个歇后语来自《东周列国志》中记载的一个故事。春秋时期，楚庄王在位的时候，楚国势力达到了鼎盛，而他的孙子楚平王即位之后，楚国渐渐衰落了。后来楚平王要把太子建废掉，这时候，伍奢是太子建的老师，楚平王怕伍奢不同意，先把伍奢叫来，说太子建谋反，伍奢不承认，被关进监狱。

楚平王一面派人去杀太子建，一面又逼伍奢写信给他的两个儿子伍尚和伍子胥，叫他们回来。大儿子伍尚回到郢都，就跟父亲伍奢一起，被楚平王杀害。伍奢的另一个儿子伍子胥，从楚国逃出来，楚平王下令悬赏捉拿伍子胥，叫人画了伍子胥的像，挂在楚国各地的城门口，嘱咐各地官吏盘查。

有一天，伍子胥来到吴楚两国交界的昭关。关上的官吏盘查得很紧，伍子胥一连几夜睡不着觉，连头发也愁白了。后来一个好心人东皋公，同情伍子胥，把他接到自己家里，并让自己的一个朋友冒充伍子胥过关。守关的逮住了假伍子胥，而真伍子胥因为头发全白，面貌变了，很容易就混出关去。

伍子胥到了吴国，帮助吴国的公子光杀了吴王僚，自立为王。这就是吴王阖闾，吴王阖闾即位之后，封伍子胥为大夫。公元前506年，吴王阖闾亲自率领大军，向楚国进攻，把楚国的军队打得一败涂地。那时，楚平王已经死去，伍子胥刨了楚平王的坟，把平王的尸首挖出来狠狠鞭打了一顿，报了杀父之仇。

关羽降曹操——身在曹营心在汉

故事出自《三国演义》。话说刘备被曹操打败，关羽与刘备也失散了，曹操把关羽围困在屯土山上。在张辽的极力劝说下，关羽和曹操订立了著名的"土山三约"：一、降汉不降曹；二、赡养刘备两个夫人；三、一旦知道刘备消息，无论千里万里赴汤蹈火也要投奔兄长。曹操对关羽优礼有加，三日一小宴，五日一大宴，封侯赐爵。但关羽不为所动，最后挂印封金，不辞而别，过五关斩六将，与刘备、张飞相聚。因而后人称关羽"身在曹营心在汉"。

《三国演义》的广泛传播使关羽成为家喻户晓的人物，他在民众中的威望日益攀升，明朝政府也开始了新一轮的加封高潮。万历年间的三次加封，使关羽晋升帝位。

对联里的人生感悟

岳阳楼对联

一楼何奇？杜少陵五言绝唱，范希文两字关情，滕子京百废俱兴，吕纯阳三过必醉，诗耻？吏耶？儒耶？仙耶？前不见古人，使我怅然涕下；诸君试看，洞庭湖南极潇湘，扬子江北通巫峡，巴陵山西来爽气，岳州城东道岩疆，渚者？流者？峙者？镇者？此中有真意，问谁领会得来？

  此联为清窦序撰岳阳楼联。上联主要引用了岳阳楼的典故：杜少陵五言绝唱是指杜甫的《登岳阳楼》五言律诗"昔闻洞庭水，今上岳阳楼。吴楚东南坼，乾坤日夜浮。亲朋无一字，老病有孤舟。戎马关山北，凭轩涕泗流。"范希文两字关情，范希文即范仲淹。其《岳阳楼记》最为著名，尤以其中的"先天下之忧而忧，后天下之乐而乐"的名句为世人所传诵。两字关情即指其中的"忧""乐"两字。滕子京百废俱兴，滕子京即滕宗谅，字子京，与范仲淹同举进士，历任殿中丞、知州、天章阁待制，因故被贬到岳阳，次年他主持重修岳阳楼。范仲淹在《岳阳楼记》中写道"庆历四年春，滕子京谪守巴陵郡，越明年，政通人和，百废俱兴，乃重修岳阳楼，增其旧制。"吕纯阳三过必醉，吕纯阳即吕洞宾，名岩。唐代进士。传说他后来入终南山修道成仙，为"八仙"之一。自号纯阳子。据《岳阳风土记》载，吕洞宾好酒，曾三醉岳阳楼。楼上有他留的字。他的《绝句》诗云"三醉岳阳人不识，朗吟飞过洞庭湖。"前不见古人，使我怆然涕下，这是改用陈子昂《登幽州台歌》中佳句，该诗中有"前不见古人，后不见来者。念天地之悠悠，独怆然而涕下。"佳句。此联由于其引用的典故恰当，对岳阳楼景色描写的巧妙，以及对仗的工整，成为所有岳阳楼对联中的佼佼者。

倚天照海花无数，流水高山心自知

  这是曾国藩用来自辩的对联，说是自辩，是因为曾国藩攻破南京后，威震天下，但功高盖主，在这种情况下，也是他举湘军起事，自立为王的最佳时机。否则兔死狗烹，朝廷对曾国藩轻则将罢免其军权，重则亦可能暗下毒手。历史把他推到了命运的十字路口，因而这个时候也是曾国藩感到最犹豫最彷徨的时候。此时幕僚王闿运再度向他提出称帝一事，他没有像以往那样怒不可遏，严词拒绝，而是陷入了深深的思考，而沉思的结果就是他写下那句著名的诗句：倚天照海花无数，流水山高心自知。"倚天照海花无数，高山流水心自知。"是曾国藩的辩言，也体现了他的一种人生境界，他这种坚守人臣的行为和心理是和他作为儒学大家的身份和受儒家思想根深蒂固的影响分不开的，所以越是战功彪炳，他越是克己修身。同时用这副对联回答外界对他的质疑。

横眉冷对千夫指，俯首甘为孺子牛

出自鲁迅的《自嘲》诗，后人一直把这个作为对联，一是对鲁迅先生的纪念，二是对自身的勉励。

这首诗的全文是：运交华盖欲何求，未敢翻身已碰头。破帽遮颜过闹市，漏船载酒泛中流。横眉冷对千夫指，俯首甘为孺子牛。躲进小楼成一统，管他冬夏与春秋。

"孺子"是古时对小孩子的称谓。"孺子牛"是《左传·哀公六年》中记载的一个典故：齐景公有个儿子名叫孺子，齐景公非常疼爱他。有一次，齐景公和孺子在一起玩耍，作为一国之君的齐景公竟然趴在地上，口里衔根绳子，让孺子把他当牛骑。不料，一不小心，孺子从"牛"背上掉了下来，口里的绳子把齐景公的牙齿都折断了。齐景公的大臣鲍子开玩笑说："汝忘君之为孺子牛而折其齿乎？"那时"孺子牛"的原意是表示父母对子女的过分疼爱。后来人们用"孺子牛"来比喻心甘情愿为人民大众服务，无私奉献的人。

贾岛醉来非假到，刘伶饮尽不留零

传说，唐伯虎和朋友喝酒喝的酩酊大醉，朋友出了一个上联："贾岛醉来非假到"，以唐代诗人贾岛来形容唐伯虎醉得东倒西歪的样子，假到是贾岛的谐音。唐伯虎听到后，迷迷糊糊中对出了下联："刘伶饮尽不留零"。意思是他像刘伶一样把酒喝得一点不剩，留零是刘伶的谐音。这副对联中人名刘伶对贾岛，动词饮尽对醉来，刘伶的谐音留零对贾岛的谐音假到，非常工整。

退一步天宽地阔，忍三分心平气和

这是清朝道光年间著名的学者何绍基作的一副对联。何绍基不但文化修养精湛，个人品德也极佳。有一天，他突然收到一封来自湖南家乡的家书，说邻居侵占了他祖屋的三尺地基，现在已将此事告到官府去，要他利用关系打赢这场官司。何绍基读信后淡然一笑，答复诗一首："千里家书只为墙，让人三尺又何妨？长城万里今犹在，不见当年秦始皇。"诗一开头就展现了他的观点：三尺地方不值得计较，万里长城至今依然存在，而主建者秦始皇却已死去，所以人死后是不能把身外物带走的，没有必要为三尺地基而与别人争斗。家人依照他的意见让了三尺，邻居感动了，也退后三尺。两家之间的墙壁距离成了六尺，人们称之为"六尺巷"。

生当作人杰，死亦为鬼雄

这是宋朝著名女词人李清照写的一首《夏日绝句》诗中的前两句。意思是：人活着就要作人中的豪杰，为国家建功立业；死也要为国捐躯，成为鬼中的英雄。

这首诗是感怀项羽的。公元前202年12月，项羽军被刘邦军包围在垓下陷于一筹莫展的境地。一天夜里，韩信要汉军四面唱起楚歌。楚军听了，益发怀念自己的家乡。项羽想：汉军已经完全占领了楚国的土地了吗？为什么楚人这么多呢？项羽不能入睡。深夜，他一边喝酒，一边慷慨激昂地唱起歌来："力拔山兮气盖世，时不利兮骓（zhuī）不逝！骓不逝兮可奈何？虞兮虞兮奈若何！"他的爱妾虞姬也起而和唱，唱罢，拔剑自刎而死。

项羽见大势已去，带了八百骑兵连夜突围。第二天，刘邦发觉项羽突围而去，便派灌婴带领五千骑兵追赶，一直追到乌江。乌江亭长劝项羽急速渡江，回到江东，重整旗鼓。项羽觉得无脸见江东父老，最后自刎而死。

癸辛街，子午谷

相传为明代名臣于谦少年时所作，于谦才华出众，文思敏捷，出口成章。有一次和父亲路过一条街，街上人来人往，车水马龙十分繁华热闹。父亲抬头望望巷口，原来这条街名叫癸辛街。父亲说："作对子最怕用干支字，若眼前这条街名癸辛街，如以此街名为上联，下联则很难应答。"于是父亲吟道："癸辛街。"于谦马上想到三国演义的地名，于是答道："子午谷。"

四川重庆成都， 江西瑞金兴国

相传在1945年抗日战争胜利前夕，在一次盛大的国共联欢的宴会上，国民党一名官员指定陈毅要对对子，陈毅答应了。那人出了上联：四川重庆成都。此联的含意为：四川的重庆成了首都（当时国民党已迁都重庆了）。陈毅略一思索，很快对出下联：江西瑞金兴国。这下联的意思是：江西的瑞金将复兴中国。江西瑞金曾是中国工农红军的根据地和苏维埃政府中央所在地。陈毅对出此联后，满座友好人士连声叫好。顿时传为佳话。

风声雨声读书声声声入耳， 家事国事天下事事事关心

这副对联是明东林党领袖顾宪成所撰，他在无锡创办东林书院，讲学之余，往往评议朝政。上联将读书声和风雨声融为一体，既有诗意，又有深意；下联有齐家治国平天下的雄心壮志。风对雨，家对国，耳对心，极其工整，特别是连用叠字，如闻书声琅琅。

东林书院首创于北宋政和元年即公元1111年，是当时知名学者杨时长期讲学的地方。后废。明朝万历三十二年，也就是公元1604年，由东林学者顾宪成等人重兴修复并在此聚众讲学，他们倡导"读书、讲学、爱国"的精神，引起全国学者普遍响应，一时声名大著。顾宪成撰写的名联"风声雨声读书声声声入耳，家事国事天下事事事关心"更是家喻户晓，曾激励过很多知识分子，对我国传统文化思想的发展促进极大。有"天下言书院者，首东林"之赞誉。东林书院成为江南地区人文荟萃之区和议论国事的主要舆论中心。

论书谁似陈公博， 娶妇当如宋子良

这副对联是民国时陈布雷酒宴上所作。陈公博：广东南海人。1921年春参与组织广州共产主义小组，同年7月参加中国共产党第一次全国

代表大会。1923年因投靠军阀陈炯明而被开除党籍。1925年任广东大学教授，代理校长，加入国民党。1927年被选为国民党中央常务委员，并任工人部部长。1938年随汪精卫叛国投敌。1944年汪精卫死后，任伪国民政府主席、军事委员会委员长。抗日战争胜利后，逃往日本。后被押解回国，1946年6月8日被枪决。子良，宋子文的字，字面系取于《诗经》："岂其食于，必河之鲤；岂其娶妻，必宋之子。"

琵琶琴瑟八大王， 王王在上； 魑魅魍魉四小鬼， 鬼鬼靠边

此对联出自19世纪末，八国联军入侵中国，一假洋鬼子狂妄地出了个上句："张长弓，骑奇马，琴瑟琵琶，八大王王王在上，单戈独战。"随即，一大臣拍案而起："伪为人，袭龙衣，魑魅魍魉，四小鬼鬼鬼犯边，合手即拿！"

这副对联中，单戈左右并为一繁体的战字，而合手也上下成一拿字。琵琶琴瑟上面共八个"王"字，魑魅魍魉共死个"鬼"字旁，且都在边上，对的工整，驳的巧妙。打击了侵略者，捍卫了民族尊严，确实是妙对。

江州司马青衫湿， 梨园弟子白发新

宋代王安石取唐代诗人白居易写的长诗《琵琶行》里面的"江州司马青衫湿"，取这句诗，想作成对子，可左思右想对不上。结果，才学不如王安石的蔡天启替他对上了下联："梨园弟子白发新"。此句出自白居易的《长恨歌》。

白居易，当过江州司马、杭州刺史、苏州刺史、刑部尚书等。在文学上积极倡导新乐府运动，主张"文章合为时而著，诗歌合为事而作"，写下了不少感叹时世、反映人民疾苦的诗篇，对后世颇有影响。白居易和李白、杜甫一样，也嗜酒成性。他自己酿酒，每次喝酒时必有丝竹伴奏，所以，才有了写琵琶女生活的长诗《琵琶行》。

诸葛一生惟谨慎， 吕端大事不糊涂

据说，在延安的时候，毛泽东同志有一次谈到叶剑英同志，将他的

生平性格概括成一副对联,给予了很有意思的评价。那副对联是:诸葛一生惟谨慎,吕端大事不糊涂。

吕端是宋太宗时的参知政事(相当于副宰相)。当时北方的辽国频频进犯,吕端力主抗辽,主动请求将自己置于寇准之下,因而,大家越加看重他。后来,宋太宗想用吕端代替吕蒙正为相,有人说:"吕端为人糊涂。"太宗答道:"吕端小事糊涂,大事不糊涂。"于是罢免吕蒙正,任命吕端为宰相,宋太宗还只恨任用太晚。

成大事以小心,一生谨慎;仰流风于遗迹,万古清高。这是诸葛村丞相祠堂楹联。《出师表》中说:"先帝知臣谨慎,故临崩寄臣以大事也。"于是后来人说"诸葛一生惟谨慎",曹操赤壁之战,由于麻痹大意,招致大败,坏了大事。上联深会诸葛亮的心意,所以说:"成大事以小心,一生谨慎。"其实,诸葛亮一生谨慎,不肯冒险侥幸以求成功,是诸葛亮为人的一个特色。

室雅何须大, 花香不在多

此联为清郑燮题书斋联。

郑燮,字板桥,清朝著名画家,以画兰、竹、石闻名。板桥画石,骨法用笔,先勾出石的外貌轮廓,有时配以兰竹,极为协调统一。劳动人民视为珍宝,广为流传。相传,郑板桥在晚年时,曾在潍县当县令。秋季的一天,他微服赶集,见一卖扇的老太太守着一堆无人问津的扇子发呆。郑板桥赶上去,拿起一把扇子看,只见扇面素白如雪,无字无画,眼下又错过了用扇子的季节,自然也就没有人来买了。郑板桥在询问的过程中得知老太太家境贫困,决定帮助她。于是,郑板桥向一家商铺借来了笔、墨、砚台,挥笔泼墨。给扇面画上兰、竹,又配上诗行款式,使扇面诗画相映成趣。周围的看客争相购买,不一会儿工夫,一堆扇子便销售一空,解决了老太太的困难。

顺泰康宁雍然乾德嘉千古, 治平熙世正是隆恩庆万年

这副对联是嘉庆年间状元李绍仿所作。当时恰逢嘉庆生辰,要求每个大臣都交上一副对联。人人都交好唯李绍仿未交,嘉庆问其故,李绍仿说:

"臣如交，定夺第一。"群臣都笑他轻狂。李绍仿此联一出，嘉庆龙颜大悦。此联的一三五七九字巧妙地把顺治、康熙、雍正、乾隆、嘉庆嵌入联中，对偶工整，文通字顺，丝毫不见牵强。此联一出，果真夺了第一。

蒲松龄落第自勉联

"有志者，事竟成，破釜为沉舟，百二秦关终属楚；苦心人，无不负，卧薪尝胆，三千越甲可吞吴。"这副对联中苦心人对有志者，天不负对事竟成，卧薪尝胆对破釜沉舟，三对百，千对二，越甲对秦关，可对终，吞对属，吴对楚；极为工整，属于工对。

这副对联是清代蒲松龄考试失败后对自己的勉励联。上联的意思是说，项羽率领楚国大军破釜沉舟与秦决一死战，终于称霸；下联说，越王勾践卧薪尝胆，终于消灭了敌国。以此鼓励自己坚强奋发。

破釜沉舟的故事说的是，秦末农民战争中，秦朝大将章邯派秦将王离在巨鹿把赵王包围起来，自己带领大军驻扎在巨鹿南面的棘原。楚怀王就派刘邦打咸阳，另派宋义为上将军，项羽为副将，带领20万大军到巨鹿去救赵王。宋义带领的大军到了安阳（今河南安阳东南），听说秦军声势浩大，就命令楚军停了下来。项羽说："现在军营里没有粮食，但是上将军却按兵不动，自己喝酒作乐。这样不顾国家，不体谅兵士，哪里像个大将的样子！"第二天，项羽趁朝会的时候，拔出剑来把宋义杀了。宋义在将中没有什么威望，大伙见项羽把他杀了，都表示愿意听项羽指挥。项羽率领主力渡过了河。项羽命令将士，每人带三天的干粮，把军队里做饭的锅子全砸了，把渡河的船只全凿沉了，说："咱们这次打仗，有进无退，三天之内，一定要把秦兵打退！"项羽的决心和勇气，对将士起了很大的鼓舞作用。楚军把王离的军队包围起来，个个士气振奋，越打越勇。经过九次激烈战斗，活捉了王离，包围巨鹿的秦军就这样瓦解了。这就是历史上有名的巨鹿之战。

关于这副对联，还有一个故事，是说郭沫若有一次游庐山，救了一个轻生的女孩，并写了这副对联鼓励她，终于使她放弃了轻生的念头。

苟利国家生死以，岂因祸福避趋之

这副对联是林则徐《赴戍登程口占示家人》这首诗中留下的。全诗为：力微任重久神疲，再竭衰庸定不支。苟利国家生死以，岂因祸福避趋之。谪居正是君恩厚，养拙刚于戍卒宜。戏与山妻谈故事，试吟断送老头皮。其中"苟利国家生死以，岂因祸福避趋之"这两句的意思是：有利，那么我会不顾生死去做；怎么会考虑有祸害而逃避，有利益就奔竞呢。

林则徐是鸦片战争时期主张严禁鸦片、抵抗侵略的爱国政治家。他为官清廉，政绩卓著。林则徐任湖广总督时鸦片已成为严重弊害，于是他提出六条禁烟方案，并率先在湖广实施。后来，道光皇帝命他为钦差大臣，前往广东禁烟。他会同两广总督邓廷桢等传讯洋商，令外国烟贩限期交出鸦片，并收缴英国趸船上的全部鸦片。四月二十二（1840年6月3日）起在虎门海滩销烟，大大打击了外国商人的气焰。在此期间，林则徐组织翻译西文书报，同时，大力整顿海防，积极备战，搜集外国船炮图样进行仿制。组织地方团练，在沿海招募水勇，操练教习。鸦片战争失败后，清政府惶恐求和，并把失败的责任归罪于林则徐，将他革职，充军新疆伊犁。在去伊犁的途中，林则徐写下了这首诗。

人情世故皆通透

有意栽花花不发，等闲插柳柳成荫

出自元·关汉卿《包待制智斩鲁斋郎》。

意思是：柳条插土就活，插到哪里，在哪里活，年年插柳，处处成荫。这句话人们也常说成"有意栽花花不发，无心插柳柳成荫"。

古希腊智者阿基米德为人称道的是"智破金冠"的故事，这个故事就充分体现了这个道理。话说叙古拉国王让金匠做了一顶纯金皇冠，但他怀疑金匠在皇冠中掺假了。可是，做好的皇冠无论从重量、外形都看不出是否真的掺假了。于是，国王把这个难题交给了阿基米德。阿基米德日思夜想，却怎么也想不出用什么办法来检验。一天，他去洗澡，他坐进澡盆，水慢慢从盆边溢了出来，他望着溢出来的水，突然大叫一声："我找到了！"然后竟然一丝不挂地跑回家中——原来他想出检测的办法了。阿基米德先把皇冠放进一个装满水的缸中，一些水溢出来。然后他取出皇冠，把水装满，再将一块同皇冠一样重的金子放进水里，又有一些水溢出来了。最后他把两次溢出的水加以比较，发现第一次溢出的水比第二次多。于是他断定，金冠中掺了假。当他宣布他的发现时，金匠目瞪口呆。而这次他同时发现了物体在液体中减轻的重量，等于它所排出液体的重量，即浮力定律。不过，他的伟大发现完全是"无心插柳柳成荫"式的意外所获啊。

知人者智，自知者明

这句话出自《老子》，在老子看来，知人是一种智慧，自知才真正是一个明白人。

在禅宗里面有这样一个典故：达摩祖师初到中国的时候，有人问他：大师，你在找什么人？达摩说：我在找一个明白人（大意），也就是自知的人。

希腊的阿波罗神殿上刻有七句名言，其中流传最广、影响最深，甚至被认为点燃了希腊文明火花的却只有一句，那就是："人啊，认识你自己。"古希腊著名哲学家苏格拉底把"认识你自己"作为自己哲学研究的核心命题；文艺复兴时期法国思想家蒙田说，世界上最重要的事情就是认识自我；现代德国哲学家卡西尔认为："认识自我乃是哲学探索的最高目标。"

星星之火，可以燎原

原出自《尚书》，也作"星火燎原"。明代贺逢圣在《致族人书》中引用过这句话："天下事皆起于微，成于慎，微之不慎，星火燎原，蚁穴溃堤。吾畏其卒，故怖其始也。"近代著名作家孙犁在《白洋淀纪事·烈士陵园》中也写道："很多烈士在中学、师范甚至小学就接受了党所传播的革命思想。然后，他们回到家乡，或是在穷乡僻壤的小学校里教书，他们又向贫苦的农民和他们的子弟传播了这种思想，这就是星火燎原。"

而人们对这句话最熟悉的莫过于毛泽东同志在1930年1月的一封信中的引用。这封信后来收入《毛泽东选集》时就叫做《星星之火，可以燎原》。这封信是在井冈山时期，为了回答党内对红军前途的怀疑，尤其是针对林彪"红旗到底还能打多久"的疑问而写的。在这封信中，毛泽东多次用到这句话来比喻中国革命的形势：

"1927年革命失败以后，革命的主观力量确实大为削弱了。剩下的一点小小的力量……这里用得着中国的一句老话：'星星之火，可以燎原。'这就是说，现在虽只有一点小小的力量，但是它的发展会是很快的。""中国是全国都布满了干柴，很快就会燃成烈火。'星火燎原'的话，正是时局发展的适当的描写。只要看一看许多地方工人罢工、农民暴动、士兵哗变、学生罢课的发展，就知道这个'星星之火'，距'燎原'的时期，毫无疑义的是不远了。"

失之毫厘，谬以千里

出自《史记·太史公自序》。在《礼记·经解》中也有"《易》曰：'君子慎始，差若毫厘，谬以千里。'"这句话主要是说要注重事物的细节。

密斯·凡·德罗就是一个非常注重细节的人。密斯·凡·德罗是20世纪最伟大的建筑师之一，在被要求用一句最概括的话来描述他成功的原因时，他只说了五个字"魔鬼在细节"。他反复强调的是，不管你的建筑设计方案如何恢弘大气，如果对细节的把握不到位，就不能称之为一件好作品。细节的准确可以成就一件伟大的作品，细节的疏忽会毁坏一个宏伟的计划。

靡不有初，鲜克有终

出自《诗经·大雅·荡》："靡不有初，鲜克有终。"意思是说做人、做事、做官没有人不肯善始，但很少有人能做到善终。

这是召穆公为斥责昏庸无道的周厉王所写下的一段话，原句是："荡荡上帝，下民之辟。疾威上帝，其命多辟。天生烝民，其命匪谌。靡不有初，鲜克有终。"当政者制定的法令，虽然开始多是好的，但不断地变来变去，大多有始无终。单讲"靡不有初，鲜克有终"，是说没有人不肯善始，但很少有人能够做到善终。

2007年年初，原中央政治局常委吴官正在天津考察时，看了刘青山、张子善腐败案展览后，从不轻易题字的他写下了"靡不有初，鲜克有终"八个字，发人深省。

天与弗取，反受其咎。时至不行，反受其殃

意思是：上天赐予的东西不接受，反而会受到惩罚；时机到了不行动，反而会遭受灾祸。

这句话最早出自《史记·越王勾践世家》，原文是，范蠡曰："会稽之事，天以越赐吴，吴不取。今天以吴赐越，越其可逆天乎？……且夫天与弗取，反受其咎。'伐柯者其则不远'，君忘会稽之辱乎？"

后来，司马迁在《史记·淮阴侯列传》中，齐人蒯通劝韩信谋反时，也引用了这句话。《史记》中蒯通试图说服韩信自立为王的言语有三大段：第一，蒯通先从相术入手，谈天下形势，分析了自立为王的可行性与好处，从天下的角度来说服韩信自立为王。第二，当韩信因为刘邦恩待自己而不忍向利背义时，蒯通又从张耳、陈余为刎颈之交而反目，文种为勾践忠信之臣而身亡来告诫，如果今日不自立，日后恐怕难以全身。第三，过了几天，看看韩信犹豫，蒯通说了一大段犹豫的害处，要韩信当机立断。最终韩信没有下决心反汉。

最后，当韩信被杀害时，曾经说"悔不用蒯通之计"，可以说是"天与弗取，反受其咎；时至不行，反受其殃"的典型了。

祸兮福之所倚，福兮祸之所伏

语出《老子·五十八章》："祸兮福之所倚，福兮祸之所伏。"意思是祸与福互相依存，可以互相转化。比喻坏事可以引出好的结果，好事也可以引出坏的结果。

汉朝有一本叫《淮南子》的书，这本书的内容很多是根据老子的思想写成的。其中有一个"塞翁失马"的故事，很生动地说明了"祸兮福之所倚，福兮祸之所伏"的道理。

故事说的是：古时候有一位住在边塞的老人丢了一匹马，同村的人知道后，都来安慰他。这位老人非常感谢大家的关心，他说："我没有发

愁，丢马也不一定是坏事，也许是好事呢！"过了几个月，这匹马又回来了，另外还带回了一群骏马。同村的人知道后，又都来向老人表示祝贺，老人说："我的马是回来了，还带回了一群骏马，可这不一定是好事啊！"他的儿子又喜欢骑马，家里的马多了，骑马就成了他儿子每天必修的功课。有一天，他从马上掉下来把腿摔折了。乡亲们又来安慰他，他说："没什么，这也不一定是坏事！"不久，边塞发生战争，村子里的青壮年都被派到前线去打仗，大部分人都死在了战场上。老人的儿子因为摔折了腿不能当兵，因而保全了性命。

事预则立，不预则废

出自《礼记·中庸》："凡事预则立，不预则废。"意思是事先有准备，就会获得成功，不然就会失败。

毛泽东在为夺取抗战胜利而做的长远规划《论持久战》中就引用了这句话：由于战争所特有的不确实性，实现计划性于战争，较之实现计划性于别的事业，是要困难得多的。然而，"凡事预则立，不预则废"，没有事先的计划和准备，就不能获得战争的胜利。战争没有绝对的确实性，但不是没有某种程度的相对的确实性。我之一方是比较确实的。敌之一方很不确实，但也有征兆可寻，有端倪可察，有前后现象可供思索。这就构成了所谓某种程度的相对的确实性，战争的计划性就有了客观基础。

水至清则无鱼，人至察则无徒

出自班固《汉书·东方朔传》，意思是：水太清，鱼就不能存身，对人要求太苛刻，就没有人能当他的伙伴。比喻过分计较人的小缺点，就不能团结人。

在日本的一家动物园，有位饲养员特别爱干净，对动物也特别有爱心，每天都把小动物住的小屋打扫得干干净净。可是那些小动物，在干净舒适的环境里却慢慢委靡不振了，有的厌食消瘦，有的生病拒食，有的甚至死了。

对此，人们百思不得其解，后来，人们通过仔细观察才发现，那些动物都有自己的生活习性,有的喜欢闻混浊的骚气,有的看到自己的粪便反而感到安全,有的甚至吃自己的粪便,等等。所以,过于清洁不仅没有为它们的生存创造良好的环境,反而破坏了它们的生存环境。

当断不断,反受其乱

意思是,该果断时不果断,反而会因此遭受祸害。

这句话出自《史记·齐悼惠王世空》。公元前187年,汉惠帝去世后,吕后独揽大权。她在执政期间,大量分封吕姓本族子弟为王,以此削弱刘氏家族的势力。

公元前179年,吕后去世。这时,赵王吕禄是上将军,吕王吕产是相国。他们在长安城中聚集兵力威胁大臣,企图作乱。齐王刘襄的弟弟朱虚侯刘章和东牟侯刘兴当时也在长安。他们听到这个消息,立即派人跑出长安向他哥哥报告。

齐王听到这一消息后,立即与手下商议准备起兵。不想,齐相召平不同意起兵,还派兵围住了齐王府。危急时刻,中尉魏勃对召平说:"齐王起兵没有朝廷调兵遣将的虎符,你派兵围住王府,是完全正确的。我愿替你领兵围住王府。"召平听信了魏勃的话,派他领兵围守。魏勃掌握兵权之后,立即倒戈,命令军队包围相府。召平没想到形势会发生这样的逆转,长叹道:"唉!道家说过见机当断不断,会反受其灾难。这正是如此啊!"说完,便自杀了。

满招损,谦受益

这句话出自《尚书·大禹谟》。意思是说,自满的人会受到损害,谦虚的人会得到益处。它告诉人们骄傲自满有害,谦虚谨慎有益的道理。说到这句话,不能不提到一个器物,那就是欹器,《论语》中记载:孔子到鲁庙参观,看见有一个器皿设计得十分巧妙,就问守庙的人说:"这是什么器皿?"守庙的人回答说:"这是欹器,是置于座右以警戒自己的器皿。我听说这种警器,空了就倾斜,不空不满就端正,满了就翻倒。"

于是,孔子让学生舀水往里面灌。果然,空了就倾斜,满了就翻倒,唯有不空不满时器皿端正。孔子感慨地说:"唉!哪里有灌满了而不翻倒的呢！""欹器"就是古人用来放在座右，以此来警觉自己不要自满的器物。以后演变为座右铭，就是放在座右来使自己警觉的铭文等。

醇亲王奕譞对这句话非常推崇，他在自己的正堂挂了个匾，叫"谦思堂"，把自己的书斋命名为"退省斋"，他在几案上就放了一个欹器，还题上字："满招损，谦受益。"

机不可失，时不再来

出自《新五代史·晋书》，意思是人在机会到来时一定要抓住机会，否则，机会失去了就不会再有了。

有一则故事形象地诠释了这句话：一位牧师不小心跌入了河里，但他并不着急上岸，因为他相信上帝一定会救他。正好有人从岸边经过，由于他相信上帝会救他，于是他没喊。湍急的河水把他冲到河中心，这时他发现前面有一根浮木，但他想上帝一定会救他，于是照样在水中扑腾，一会儿浮，一会儿沉，没有理会那根浮木。

当然最后他被淹死了。牧师死后，他的灵魂愤愤不平地质问上帝："我是一位如此虔诚的牧师，你为什么不救我？让我就这样淹死了？"上帝说："我还在奇怪呢，我给了你两次机会，为什么你都没有抓住？"

良药苦口利于病，忠言逆耳利于行

这句话的意思是说：好的药虽然吃到嘴里是苦的，但却有利于治疗疾病；中肯的语言虽然不好听，但对你的行动却有帮助。这句话出自《史记·留侯公家》。

故事发生在鸿门宴之前，公元前207年，刘邦率大军攻破咸阳，然后进入秦宫探看。他看见宫室华丽，各处室物不计其数。每到一处，都有许多美丽的宫人向他跪拜。他越看越感兴趣，于是，打算就住在宫内享受一番。刘邦的部将樊哙发现了他的意图，就问他说："沛公，你是想拥有天下呢，还是只想当一个富家翁呢？"刘邦说："我当然想拥有天下了。"樊哙真诚地说："秦宫里的珍奇财宝，后宫中的美人，这些都是导致秦朝灭亡的东西啊。望沛公立刻返回霸上，千万不要留在宫中。"刘邦对樊哙的劝谏不以为然。谋士张良知道这件事后，对刘邦说："秦王无道，百姓造反，打败了秦军。您为天下除掉害民的暴君，理应克勤克俭。如今刚入秦地，就想享乐。俗语说'良药苦口利于病，忠言逆耳利于行'，望您听从樊哙的忠告。"刘邦听了，幡然醒悟，马上下令把府库封起来，关掉宫门，率军返回霸上。

人非圣贤，孰能无过

出自《左传·宣公二年》，意思是：一般人不是圣人和贤人，谁能没有过失？

故事是说晋灵公非常残暴，时常无端杀人。有一天，厨师送上来的熊掌炖得不透，他就残忍地当场把厨师处死。正好，厨师的尸体被赵盾、士季两位大臣看见了。他们非常气愤，进宫去劝晋灵公。士季先去朝见，晋灵公从他的神色中看出他是为自己杀厨师这件事而来的，便假装没有看见他。直到士季一直走到他跟前，晋灵公才瞟了他一眼，轻描淡写地说："我已经知道自己所犯的错误了，今后一定改正。"士季听他这样说，便温和地劝道："人孰无过？过而能改，善莫大焉。"意为谁没有过错呢？如果您能真诚地改正错误，您就是一个好的国君。

但不幸的是，晋灵公并没有真正认识和改正自己的过错，他行为残暴依然如故。相国赵盾屡次劝谏，他不仅不听，反而恼羞成怒，竟派刺客去暗杀赵盾。不料刺客因不愿去杀害赵盾，而自杀。晋灵公又假意请赵盾进宫赴宴，准备在席间杀他。结果赵盾被卫士救出，他的阴谋又未能得逞。最后这个作恶多端的国君，终于被一个名叫赵穿的人杀死了。

亡羊补牢，未为迟也

这句话出自《战国策》。战国时代，楚国大臣庄辛，有一天对楚襄王说："你在宫里面的时候，左边是州侯，右边是夏侯；出去的时候，鄢陵君和寿跟君又总是跟随着你。你和这四个人专门讲究奢侈淫乐，不管国家大事，长此以往，国家就危险了。"

襄王听了，大为光火，骂道："你老糊涂了吗？故意说这些险恶的话惑乱人心？"

庄辛不慌不忙地回答说："我是感觉到事情一定会发展到这个地步，

不是故意说楚国有什么不幸。如果你一直宠信这个人，楚国是一定要灭亡的。你如果不信我的话，请允许我到赵国躲一躲，看将来究竟会怎样。"

庄辛在赵国才住了五个月，秦国就派兵侵楚，襄王被迫流亡到阳城（今河南息县），他这时想起庄辛的话，于是赶紧派人把庄辛找回来，问他有什么办法。庄辛诚恳地说："我听说过，'见兔而顾犬，未为晚也，亡羊而补牢，未为迟也……'只要你痛改前非，一切还来得及。"

"亡羊补牢"这句成语，便是根据上面的两句话来的，是指处理事情发生错误以后，如果赶紧去挽救，还不为迟的意思。

当局者迷，旁观者清

如果用苏轼的"不识庐山真面目，只缘身在此山中"这句诗来注解这句话是再贴切不过了。

"当局者迷，旁观者清"，意思是当事人被碰到的事情搞糊涂了，旁观的人却看得很清楚。此语源自《旧唐书·元行冲传》，原话是："当局称迷，傍（旁）观见审。"

故事是说唐朝的大臣羹光上书唐玄宗，要求把唐初魏征整理修订过的《类礼》（即《礼记》）列为经书，作为儒家的经典著作。玄宗当即表示同意，并命元澹等仔细校阅并加上注解。右丞相张说对此提出不同看法，为此，他写了一篇题为《释疑》的文章，文章采用主客对话的形式说明这个问题，其中就有这句话。先是客人问："《礼记》这部经典著作，戴圣编纂、郑玄加注的本子与魏征修订的本子相比，哪个更好？"主人回答说："戴圣编纂的本子从西汉起到现在经过了许多人的修订、注解，互相矛盾之处很多，魏征正是考虑到这点才重新整理的，没想到那些墨守成规的人会反对！"客人听后连连点头，说"当局称迷，傍（旁）观见审"啊。也就是说，就像下棋一样，下的人反倒糊涂，旁观者却看得很清楚。

而"当局者迷"的说法出自《宋书·王微传》，是王微在一封书信中首先使用的。王微是南朝宋国人，从晋朝到南北朝时期，王氏家族非常兴旺，出过不少名人雅士。据史书记载，王氏家族有不少家族成员精通下围棋，"烂柯"这一典故中的主人公王质就是王氏家族成员的缩影。王微作为王氏家族的成员，对王家世代善弈者应该是知道的，他提出"当局者迷"是很自然的事情。

木秀于林，风必摧之

原句是"木秀于林，风必摧之；堆出于岸，流必湍之；行高于人，众必非之"，原出自三国魏人李康的《运命论》。意思是人如果过于杰出，必然遭到各方面的打击。

苏轼的一生，就是对这句话很好的诠释。苏轼是个悲剧人物，他重气节、有志向，通经史，关心时事，以图强国。21岁便中进士，可是没想到刚刚踏入仕途，便卷入了一场没完没了的政治风波之中。

苏轼做主簿、签判一类地方官的时候，王安石任参知政事，推行新法。为反对"新法"，苏轼写了几篇文章，如《商鞅论》《拟进士廷试策》，或借古喻今、含沙射影，或借题发挥、旁敲侧击，而在《上神宗皇帝》万言书中则是公开地全面攻击了。

王安石是敬重苏轼的，认为苏轼"乃当今奇才"，但政见的不同使其在皇上问"可用苏轼时"，王安石说："如果要推行新法，就不能重用苏轼"。苏轼也感到京城难待，便再三请求外调。之后几年，他做过通判，杭州、密州、湖州等地的知州。待王安石被罢相，严肃的政治斗争部分地变成了统治集团内部争权夺利的倾轧和报复。苏轼成了其中的不幸者，谏官李定等人摘出他的一些讽刺新法的诗句，加以弹劾，他被捕入狱，这就是有名的"乌台诗案"。过了七年，司马光上台，苏轼既未完全消除对王安石变法运动的敌意，又不满司马光旧党集团的倒行逆施，于是旧党中的一些人便把他看做第二个王安石，他在旧党中也无法容身，于是又请求外调。后来宋哲宗执政、新党再度上台，苏轼的日子一天比一天难过，被一贬再贬，从惠州到海南岛，后死在遇赦北归的途中。

苏轼一生的遭际：一是在于他敢讲真话，他自称"言必中当世之过"，说自己作文"皆欲酌古以御今，有意乎济世之实用"。二是小人作怪。苏轼才华过人，"木秀于林，风必摧之；行高于众，众必非之"。苏轼最终成了小人们口诛笔伐的牺牲品。

假作真时真亦假， 无为有处有还无。

　　当你把真实的东西当做虚幻的东西来看时，那虚假的东西甚至比真实的东西显得更真实，反之也一样。把不存在的东西说成是存在的东西时，那捏造的事实甚至比存在的事实显得更真实，反过来也是如此。该联见曹雪芹所著《红楼梦》。这副对联在《红楼梦》中曾经两度出现：第一次是第一回甄士隐在梦幻中见到的，第二次是第五回贾宝玉在游太虚幻境中所见的。可见作者对这副对联的安排是有其深意的。这副对联主要用来隐喻人物的命运：甄士隐一生曾享尽荣华，最后家道变故，遁入空门，这是甄士隐一生的最终归宿。作者借这一对联，隐示贾宝玉一生的道路。这副对联可谓是总括了《红楼梦》创作手法上的某些规律。对联所说的，把假当真，则真的便成了假的了；把没有的视为有的，有的也就成了没有的了。如同鲁迅先生在《集外集拾遗·〈绛洞花主〉小引》中所言"单是命意，就因读者的眼光而有种种：经学家看见《易》，道学家看见淫，才子看见缠绵，革命家看见排满，流言家看见宫闱秘事……"王希廉《红楼梦总评》云："读者须知，真即是假，假即是真；真中有假，假中有真；真不是真，假不是假。明此数意，则甄宝玉贾宝玉是一是二，便一目了然。"

覆巢之下， 焉有完卵

　　"覆巢之下，焉有完卵"又作"覆巢之下，安有完卵"，比喻整体遭殃，个体（或部分）亦不能保全。汉朝陆贾的《新语·辅政》中有这样的论述："秦以刑罚为巢，故有覆巢卵破之患。"

　　《三国志·魏书·孔融传》中有如下的记载：汉献帝时，曹操挟天子以令诸侯。一次，曹操准备率领大军南征刘备、孙权，孔融坚决反对，劝曹操停止出兵。曹操不听，孔融便在背地里发了几句牢骚。御史大夫郗虑平时与孔融不睦，知道后，便向曹操报告道："孔融一向瞧不起您，祢衡对您无理谩骂，完全是孔融指使的。"曹操一听早就有杀孔融之心，于是以此为借口，当即下令将孔融全家抓起来一并处死。孔融被捕时，他的两个八九岁的孩子在下棋。家人以为孩子不懂事，大祸临头还不知道，便偷偷地叫他们赶快逃跑。不料两个孩子竟不慌不忙地说："覆巢之下，安有完卵？跑又有什么用？"结果，两个孩子从容不迫地和父亲一起被抓去处死了。

识时务者，在乎俊杰

这句话的意思是说：认清时代潮流的人，才是真正的英雄豪杰。

出自晋习凿齿《襄阳记》"德操曰：'儒生俗士，识时务者在乎俊杰。'此间自有伏龙、凤雏。"

《三国志·蜀书》中也有此句："儒生俗士，岂识时务？识时务者在乎俊杰。"

这句话说的是诸葛亮的故事：诸葛亮年幼时父亲就去世了，他依靠叔父诸葛玄生活。十六岁那年诸葛玄也去世，于是他在襄阳城西的隆中置了一点田产，盖了几间屋子，一面耕种，一面读书。诸葛亮在隆中过了十年耕读的生活，在这期间他读了大量经史和诸子百家的著作，研究了当时的政治形势，获得了丰富的知识，并逐步形成了一套政治见解。后来，依附荆州牧刘表的刘备，迫切需要有智谋的人来辅佐，因此他一直在物色有见识的人才。后来，他去拜访在襄阳很有名声司马徽，并问他对当今天下大势的看法。司马徽说："平庸的书生文士怎么会认清天下大势？能认清天下大势的人才是杰出人物。这里的卧龙和凤雏，才是这样的杰出人物。"于是就有了后来"三顾茅庐"的故事，刘备终于请出了诸葛亮，在诸葛亮的辅佐下，实现了三分天下的目标。

抱薪救火，薪不尽，火不灭

这句话出自《史记·魏世家》，比喻用错误的方法去消灭祸害，结果反而使祸害扩大。

战国末期，秦国向魏国接连发动大规模的进攻，魏国无力抵抗，大片土地都被秦军占领了。到公元前273年，秦国又一次向魏国出兵，势头空前猛烈。

魏国有许多人给打怕了，不敢抵抗。大将段干子建议魏王将南阳的地方割让给秦国，向秦国求和。

谋士苏代反对，并且讲了一个故事：从前有一个人，他的房子起火了，别人劝他快用水去浇灭大火，但他不听，偏抱起一捆柴草去救火，是因为他不懂得柴草不但不能灭火反而能助长火势的道理。大王若同意拿着魏国的土地去求和，不就等于抱着柴草救火吗？

魏王不听，将南阳割给了秦国。秦国得了南阳，并不收手，公元前225年，秦军又向魏国大举进攻，包围了国都大梁，掘开黄河大堤让洪水淹没了大梁城，魏国终于被秦国灭掉了。

大行不顾细谨，大礼不辞小让

出自《史记·项羽本纪》，原句为"樊哙曰：'大行不顾细谨，大礼不辞小让。如今人方为刀俎，我为鱼肉，何辞为！'"

意思是人家如宰割鱼肉的刀俎，己为刀俎上的鱼肉，比喻处于受人摆布、任人宰割的境地。大家知道鸿门宴的故事吧，这句话是樊哙在鸿门宴上所说的。

在鸿门宴上，项庄借舞剑之名要刺杀刘邦，形势危急，刘邦借口上厕所而离席，项羽让都尉陈平叫刘邦回去，刘邦不想回去，但又没有向项羽告辞，以为这样一走了之有点失礼，犹豫不决之际，樊哙说了这番话。于是，刘邦决定让张良留下辞别，自己则匆匆赶回了军营。

后生可畏，焉知来者之不如今也

这句话出自《论语·子罕》，意思是：年轻人是可敬畏的，谁说他们将来不会超过现代（的人）。

相传孔子在游历的时候，在荆山下碰到了三个小孩。其中两个在一起玩耍，另一个小孩站得远远的。孔子觉得奇怪，就问站着的小孩为什么不和大家一起玩。那个小孩回答说，激烈的打闹能害人的性命，拉拉扯扯的玩耍也会伤人的身体；退一步说，即使不伤害身体，有时也可能撕破衣服，总之没有任何好处。过了一会儿，又有一个小孩用泥土堆积成一座城，他自己坐在里面，眼看孔子的车子要过来，也不给准备动身给孔子让路。孔子忍不住又问："你坐在里面，为什么不避让车子？"他说："我只听说车子要绕城走，没有听说过城堡还要避车子的！"孔子只得让自己的车子绕过这座"土城"。后来,孔子觉得小孩的话很有意思,于是又返回来询问小孩的姓名,赞叹他说:"你这么小的年纪,懂得的事理真不少呀。"小孩子有些不高兴,就反问孔子道:"我听说鱼生下三天,就能在江海中潜游;兔子生下来三天,就能在三亩地的范围内活动;马生下三天,就能跟在母马后面行走;人生下三个月就能认识父母。这些都是天地间的自然现象,有什么大惊小怪的呢?"孔子不由得感叹地说:"好啊,我现在才知道少年人实在了不起呀!"

流水不腐,户枢不蠹,动也

"流水不腐,户枢不蠹"一语出自《吕氏春秋·尽数》:"精气之集敛,必有入也。集于羽鸟,与为飞扬;集于走兽,与为流行;集于精玉,与为精良;集于树木,与为茂长;集于圣人,与为精明。精气之来也,因轻而扬之,因走而行之,因美而良之,因长而养之,因智而明之。流水不腐,户枢不蠹,动也。"

毛泽东在为延安"整风运动"做的报告《论联合政府》中也因引用了这句话:有无认真的自我批评,也是我们和其他政党互相区别的显著标志之一。我们曾经说过,房子是应该经常打扫的,不打扫就会积满了灰尘;脸是应该经常洗的,不洗就会灰尘满面。我们同志的思想,我们党的工作,也会沾染灰尘的,也应该打扫和洗涤。"流水不腐,户枢不蠹",是说它们在不停的运动中抵抗了微生物或其他生物的侵蚀。

匹夫无罪,怀璧其罪

意思是:百姓本没有罪,因身藏璧玉而获罪,指财宝能致祸。这句话告诫人们不要贪图财宝,这样可以免祸,同时,一个人去炫耀或者贪图财宝、才华、美貌的时候,常常会招来祸患,财宝、才华、美貌本身都没有罪过,但是,以此来炫耀或者贪图这些的时候,就可能引来灾祸了。张尔岐先生说:"如慢藏而不知防者,是教人使盗;冶容而好自炫者,是教人以淫,何莫非自致哉!"

这句话出自《左传·桓公十年》,当初,虞叔有块宝玉,虞公想要得到它,虞叔没有给他,然后,虞叔为此感到很后悔,说:"周这个地方有句谚语说'一个人本来没有罪，却因为拥有宝玉而获罪。'"于是就把宝玉献给了虞公。可是，虞公又来索要虞叔的宝剑，虞叔说："这实在是贪得无厌。如此贪得无厌，将会给我带来杀身之祸。"于是就发兵攻打虞公，把虞公赶到共池那个地方去了。

不以规矩，无以成方圆。

这句话出自《孟子》。孟子说"离娄之明，公输子之巧，不以规矩，不能成方圆"。离娄是传说中一个目力非常好的人，能"明察秋毫"；公输子就是鲁班。孟子的意思是说，一个人即便具备离娄的目力、鲁班的技能，如果不用"圆规"和"尺子"，也不能准确地画出方形和圆形。

在历史上有很多遵守规矩的故事。周恩来在读书的时候就给自己定下规矩，那就是五个"不虚度"：读书不虚度，学业不虚度，习师不虚度，交友不虚度，光阴不虚度。

天网恢恢，疏而不漏

出自《老子·七十三章》，意思是天道公平，作恶就要受惩罚，它看起来似乎很不周密，但最终不会放过一个坏人。

明初，朱元璋和胡惟庸曾经就这个问题产生过分歧。朱元璋认为之所以贪官杀不退，是因为心存侥幸，但他相信天网恢恢，疏而不漏；胡惟庸则以"鱼过千重网，网网有漏鱼"质疑。但染坊里一定扯不出白布来吗？朱元璋决定更新这个观念。于是他大张旗鼓地拿勋臣开刀示众了。朱元璋办每件事都有头有尾，他善于用效果检验动机。他法办勋臣关心的是京城百姓和官绅士大夫们有何反响。于是，当胡惟庸上殿时，朱元璋首先问起此事。胡惟庸说万民交口赞誉，都说皇上执法不徇私，这么点小事如此重罚，能够做到"天网恢恢，疏而不漏"，天下百姓不必再担心贪官为害了。

名句里的生活智慧

理财治生

工欲善其事，必先利其器

有一则人们非常熟悉的小故事：从前，有一个老人，他有两个儿子。有一天，他给了两个儿子每人一把锈了的柴刀，让他们去山上砍柴。一个儿子到了山上就开始干了起来，十分卖力。另一个儿子却跑到邻居家借来了磨刀石，开始磨刀。等到刀磨好了，他才上山。等到太阳下山的时候，两个人都回来了，先砍柴的扛回了一小担柴，先磨刀的则扛回了一大担柴。父亲就问打柴多的儿子，你没有先上山，怎么砍的柴比先砍的多呢？他回答说，磨刀不误砍柴工啊，刀没磨快，怎么能很快地砍柴呢？这个故事就是说准备好了工具，做事情才可以事半功倍。

这则故事体现的也就是"工欲善其事，必先利其器"的道理。"工欲善其事，必先利其器"出自《论语·魏灵公》，原句是："工欲善其事，必先利其器。居是邦也，事其大夫之贤者，友其士之仁者。"也就是说，要做好工作，先要使工具锋利。比喻要做好一件事，准备工作非常重要。

长袖善舞，多钱善贾

"长袖善舞，多钱善贾"，意思是，舞蹈者靠着袖子长，舞起来就翩翩多姿，容易达到体态优美的效果；做买卖的人，凭着本钱多，他的业务也就容易开展。

出自《史记·范雎蔡泽传》。范雎和蔡泽是战国末期两个有名的人物：范雎是魏国人，起初在魏国的中大夫须贾手下做事，因故被须贾打得半死，逃到秦国，化名张禄，因向秦昭王献"远交近攻"的外交政策，昭王拜他为客卿，后来为相国，封应侯。蔡泽是燕国人，曾游说赵、韩、魏各国，都不见用，来到秦国，见了昭王，昭王很赏识他，后他也由客卿而为相国。

这两个人都是极有口才的"辩士"，他们都因此取得秦王的信任。司马迁曾评论道："韩非子说的'长袖善舞，多钱善贾'这句话，的确是有道理啊！"范雎和蔡泽，像舞蹈者有更美的舞衣、经商者有更多的本钱一样，他们有比别人更伶俐的一张嘴，所以能够在秦国左右逢源。

所以，司马迁这句话是引用的韩非子的。在《韩非子·五蠹》篇中有这句话，原文是："鄙谚曰'长袖善舞，多钱善贾'，此言多资之易为工也。"

仓廪实而知礼节

这句话的意思是：粮仓充足，百姓不懂得礼节制度；衣食充足，百姓才知道荣誉耻辱。

两千六百多年前，辅佐齐桓公成为春秋第一霸主的大政治家管仲说过这样一段话："仓廪实则知礼节，衣食足则知荣辱。"对于管仲，人们是很熟悉的，人们也熟悉"管鲍之交"的故事。

齐桓公在夺取政权后，管仲担任齐相主持政务，管仲所说的"仓廪实而知礼节，衣食足而知荣辱"也成为齐国自强求富的指导思想。管仲抓住了治国的根本，经过多年的治理，使齐国很快强盛起来，成为春秋第一霸，历史上也有了齐桓公"九合诸侯，一匡天下"的记载。

汉朝司马迁在写《史记·货殖列传》时引用了管仲的这句话，而在司马迁所处的西汉武帝时代，环境则大相径庭。经历了历史上赫赫有名的文景之治后，汉武帝时期的经济发展水平达到了空前的高度。但旧的社会秩序被打破，新的秩序还没建立起来，社会矛盾仍然很突出的。

虽然经济发展的势头乐观可喜，司马迁已经发觉到当时仍然是"礼崩乐坏"的时代，但整个社会看起来却总是不和谐。所以，司马迁在引用时把"则"改为"而"，经过司马迁改动的这句话一直流传到了今天。

取于民有度，用之有止，国虽小必安

这句话出自春秋《管子·权修》，意思是，对人民征收有度，耗费又有节制的，国家虽然小也一定安宁；对人民征收无度，耗费又没有节制的，国家虽然大也一定灭亡。

春秋战国时期，管仲劝告齐桓公，必须施行德治，勤政节俭，取民有度。如果为了满足个人穷奢极欲的生活而对人民横征暴敛，这样的国家迟早会灭亡。

雍正帝就是一个十分懂得"取于民有度，用之有止"的皇帝。他的饮食非常简单，御膳房常常给他做烧豆筋、炒豆芽等几个简单的素菜，外加一碗糙米饭，掉一个饭粒都要捡起来吃掉，连李卫都感叹皇帝太"寒碜"，雍正帝则淡淡一笑："朕富有四海，贵为天子，何物不可求？何膳不可进？由俭入奢易，由奢返俭难啊！"雍正帝从未去过承德避暑山庄，稍有花销，就认为是过奢之举。此外，他对群臣进献的稀世珍宝也大不以为然，反倒认为："行一利民之政，胜于献稀世之珍也；荐一可用之才，胜于贡连城之宝也。"

聚天下之人，不可以无财；理天下之财，不可以无义

这是中国历史上经典的理财思想。出自宋代王安石的《乞制置三司条例》。意思是：天下之人，有财即聚，而要理财不能不讲仁义。

王安石主张从经济入手，对社会进行全面改革。王安石生财的办法是利用自然，发展生产，发挥人的创造能力；理财的办法是抑制兼并，轻徭薄赋，省敛宽民。所以他说："盖聚天下之人，不可以无财；理天下之财，不可以无义。"夫以义理天下之财，则转输之劳逸不可以不均，用度之多寡不可以不通，货贿之有无不可以不制，而轻重敛散之权不可以无术。他的这一思想，在农田水利法、免役法、青苗法等改革措施中都有充分的体现。但新法的实行触及了宗室、外戚的切身利益。例如，神宗和王安石变革宗室子弟的任官制度，使不少远房的金枝玉叶失去了得到官职的机会，因而招致他们的强烈不满。这些宗室子弟不仅向朝廷上书，甚至围攻王安石本人，拦住他的马，对他说："我们和皇帝都是同一

祖先,丞相不要为难我们。"最终王安石的改革由于触及了大地主的利益而失败了,但他的这一思想却保存了下来。

天下熙熙,皆为利来;天下攘攘,皆为利往

看过英国19世纪小说家萨克雷《名利场》的读者会对这句话有更深的理解。主人公所处的时代是当时国家强盛,工商业发达,由压榨殖民地或剥削劳工而发财的富商大贾主宰的社会,中上层社会各式各等人物,都忙着争权夺位,生动体现了"天下熙熙,皆为利来;天下攘攘,皆为利往"的社会现象,名利、权势、利禄,原是相连相通的。

这句话出自《史记·货殖列传》,原话是"天下熙熙皆为利来,天下攘攘皆为利往。夫千乘之王,万家之侯,百室之君,尚犹患贫,何况匹夫",司马迁的这句话对后世影响很大。

有这样一则故事:两个人站在江边,看到江上船只上上下下,来来往往,其中一个人感慨地问另一个人:"江上船只来来往往,其实只是为了一个字,你知道吗?"另一个人回答知道,然后这个人告诉他,其实都为了一个"利"字。

虽然这种说法有点绝对,但也道出了世人大都忙于追逐利益的实情。

贵出如粪土,贱取如珠玉

出自《史记·货殖列传》,这句话的意思是:当货物腾贵时,人们看见经营此一货物之企业得利独厚,所以群起向这一企业投资,而卖者间的竞争已起。若卖者多,社会上需要此一货物者并不因之增加,其价格必然下跌。反之,由于价格下跌,经营者见无利可图,又不得不纷纷改业,于是卖者少,而社会上的需要仍旧未变。因此,又产生供不应求的现象,其价格又必因之上涨。

历史上曾经记载了杨朱致富的故事:杨朱在夏天的时候买进皮衣,因为这时皮衣的价格便宜,然后再在冬天皮衣价格升高的时候卖出,这样,就获得了丰厚的利润,很快就成了大富豪。

富润屋,德润身

出自《礼记·大学》,原句是:"富润屋,德润身,心广体胖。"说到

后半句，鲁迅先生曾经在其《华盖集续编》中以调侃的口吻这样引用过："这时我无端有些感慨，心里想，大家现在都说'灾官''灾官'，殊不知'心广体胖'的还不在少呢。"

道德需要有准则来规范，但这些准则一旦被假道学偷窃，就成了他们虚伪的外衣。曾经有这样一则笑话讽刺这类假道学。从前有个道学先生，脚登高底大鞋，甩着长袖，拖着宽带，头戴一顶三纲五常的帽子，身穿一件伦理道德的衣裳，从故纸堆里弄来一两句儒家经典，整天的"富润屋，德润身，心广体胖"念诵不已，自以为是货真价实的儒家弟子。有一次，他正好碰到文士刘谐。刘谐是个聪明而有学问的人，看见他这副样子，嘲笑他说："你这样实际是不了解我仲尼老兄。"道学先生气得变了脸色，站起来说："天不生仲尼，万古长如夜。你算什么人，竟敢直呼夫子的名字，还称兄道弟！"刘谐说："噢，怪不得羲皇以前的圣人不分昼夜，整天点着灯笼走路呢。"

兵法奇谋

刚愎自用，未肯用命

意思是倔强固执，自以为是，听不进别人的意见。语出《左传·宣公十二年》。

公元前597年春，楚国打进郑国，郑襄公裸体跪地苦苦求饶，取得了楚王的同情。当年夏，晋国派军队救援郑国。晋军南下，兵临黄河时，听说郑国已经同楚国媾和，晋国大将先縠和荀林父率领所属部队渡过黄河，继续前进。

楚国军队听说晋军已渡河，楚王想退兵返国。楚国大将伍参对楚王说："晋国现在从政的都是些新人，不能很好地执行命令。其副手先縠刚愎不仁，不肯听从命令；他们的三个统帅（指中军、上军、下军之首领）想统一行事也难以办到，就是想听从命令，也没有统一的上级，大家听谁的？所以，这一仗，晋军必败。"于是楚王进兵，果然打败了晋兵。

强将手下无弱兵

出自宋代苏轼《题连公壁》，"俗语云：'强将手下无弱兵，真可信。'"这句话的意思是英勇的将领手下没有软弱无能的士兵。明朝凌濛初《二刻拍案惊奇》第九卷中也有此语："强将之下无弱兵，恁样的姐姐须得恁样的梅香姐，方为厮称。"

这句话最好的注解是《亮剑》中李云龙的原型王近山将军。王近山将军曾经指挥中野六纵参加定陶战役，部队主攻大、小杨湖。王近山请战时说："六纵是年轻部队，让我们上，打剩一个连我当连长，打剩一个班我当班长，都打光了，对得起哺育我们的太行山父老乡亲。"句句掷地有声，绝对是强将的风范。那么战役后，六纵一战成名，荣升为主力部队。

六纵曾经与黄维十二兵团八十五军血战。八十五军的一个团长在望远镜里看了六纵五十四团的一场血战后对他的部下说："弟兄们，不打了，投降吧。"

王近山将军打仗凶猛，麾下猛将如云，如解读战争时期他手下著名的"三剑客"：十六旅旅长尤太忠（后任广州军区司令员，1988 年晋升为上将）、十七旅旅长李德生（后历任北京军区司令员、总政治部主任，1988 年晋升为上将）、十八旅旅长肖永银（后任南京军区第一副司令兼参谋长），此外还有 20 世纪 70 年代的中国人民解放军空军司令马宁（解放战争中为六纵五十团团长）等。

上兵伐谋， 其次伐交， 其次伐兵， 其下攻城

这句话的意思是：上等的军事行动是用谋略挫败敌方的战略意图或战争行为，其次就是用外交战胜敌人，再次是用武力击败敌军，最下之策是攻打敌人的城池。出自《孙子兵法·谋攻》。

三国时诸葛亮就对这句话非常推崇，并且亲自实践。刘备三顾茅庐，诸葛亮在茅庐之中运用战略眼光，一语道破未来三分天下的战略格局，让刘备清楚地认识到了自己发展的目标，从这里可以看出诸葛亮对"谋"的重视。

诸葛亮的伐交战略是通过整合吴国资源联合抗曹，通过华容道反弹琵琶放走曹操的差异化策略实现的。

当然，诸葛亮也非常重视用兵，他也有一套行之有效的作战方法，能够适应各种战争，诸葛亮在谈到用兵之道时曾经说过："兵者有可见之兵，也有不可见之兵。可见者荷戟执戈，肉身之士；不可见者，日月星辰、风云水火、山川之灵气，如此万物万象均可为兵！"通过有效的抑用作战方法，诸葛亮终于帮助刘备实现了三分天下的战略。

失之东隅，收之桑榆

出自南朝宋·范晔《后汉书·冯异传第七》，比喻在某一方面有所失败，但在另一方面就会有所成就。原句是"玺书劳异曰：'赤眉破平，士吏劳苦，始虽垂翅回溪，终能奋翼黾池，可谓失之东隅，收之桑榆。方论功赏，以答大勋。'"

这句话说的是东汉光武帝刘秀曾经派大将冯异率军西征，敉平赤眉军。赤眉佯败，在回溪之地大破冯军。冯异战败回营后，重召散兵，又使人混入赤眉军，然后内外夹攻，在崤底之地大破赤眉军。事后，光武帝刘秀下诏奖赏冯异，说冯异初虽在回溪失利，但最后却在渑池获胜。正可谓在此先有所失，后在彼终有所得，应当论功行赏，以表战功。

清朝王浚卿《冷眼观》第二十回中也有此语："谁知那个旗婆，犹自贼心未死，竟想'失之东隅，收之桑榆'，胆敢又到孝感县境一个大字号店里去，仍照这么一做，这回他却是恶贯满盈，自寻败露了。"

智者千虑，必有一失；愚者千虑，必有一得

出自《史记·淮阴侯列传》，意思是说聪明的人思考一千次，肯定会有失误（的一次），愚笨的人思考一千次，必定会有效果。

有这样一则故事：

一天，一架客机在大沙漠里失事，仅有11人幸存。在沙漠里，如果不能及时找到水源，人很快就会渴死。这11人中，有大学数学教授、家庭主妇、政府官员、公司经理、部队军官……此外，还有个名叫彼得的傻子。他们一起出发去寻找水源。

可是当他们先后三次欢呼狂叫着冲向水草丰盛的绿洲时，那绿洲却无情地向后退却直至消失。是海市蜃楼！次日中午，当他们又一次被海市蜃楼愚弄后，所有人都躺倒了，除了傻子彼得。他焦急地问："水不就在这儿吗？为什么不见了？"好心的家庭主妇告诉他："彼得，认命吧，那只是海市蜃楼。"

彼得不知道什么叫海市蜃楼，他只是想要喝水。当他最终吃力地攀上了前面一个 50 多米高的沙丘时，他突然高兴得手舞足蹈，连滚带爬地下来，兴奋地嚷着："水塘，一个水塘！"

这次，没有一个人答理他，彼得什么也顾不上了，他拔腿再次朝沙丘上爬，翻过了沙丘，吼叫着消失在沙丘的另一边。"可怜的傻子，他疯了！"人们纷纷嘲笑道。三天后，当救援人员找到他们时，那 10 个人已经全死了，只有水塘边的傻子彼得安然无恙。救援人员把他带到遇难者身边，询问他是怎么回事时，彼得哭了，他抽泣着说："我和他们说那边有水塘，可他们说那是海市蜃楼。我不明白他们为什么这么恨海市蜃楼，宁肯被渴死，也不去喝海市蜃楼的水。"

运筹帷幄之中，决胜千里之外

语出《史记·高祖本纪》，这句话说的是西汉初年，汉高祖刘邦在洛阳南宫举行盛大的宴会，招待群臣。酒过三巡，菜过五味，他向群臣提出一个问题："我为什么能取得胜利，而项羽为什么会失败？"高起、王陵认为这是因为刘邦能派有才能的人攻占城池与战略要地，给立大功的人加官晋爵，所以能成大事业。但项羽恰恰相反，用人不利，立功不给予奖赏，有才能的人遭疑惑，所以他才会失败。刘邦听了，认为他们说的有道理，但他认为最重要的取胜原因是他能用人。他自己本事一般，但他能够利用每个人的长处，当时他尤其称赞张良说："夫运筹帷幄之中，决胜千里之外，吾不如子房（子房为张良的字）。"意思是说，张良坐在军帐中运用计谋，就能决定千里之外战斗的胜利。这说明张良计谋多，善用脑，善用兵。

一日纵敌，数世之患也

这是一个著名典故，大意是春秋时晋军打败秦军，俘秦军三个帅，但当时晋妃子文嬴是秦女，于是她劝晋君放了三帅，后来晋军大将原轸问秦三帅何在，晋君说放了，原轸愤怒至极道："武夫力而拘诸原，妇人暂而免诸国，堕军实而长寇仇，亡无日矣。"唾（吐口水给）国君不顾而出！后来，秦军果然击败了晋军。

后来，这句话在三国志中也有引用。据《三国志·魏志》记载，刘备来降，太祖以客礼待之，使为豫州牧。嘉言于太祖曰："备有雄才而甚得众心。张飞、关羽者，皆万人之敌也，为之死用。嘉观之，备终不为人下，其谋未可测也。古人有言：'一日纵敌，数世之患。'宜早为之所。"

太祖就是曹操，但当时曹操正在招揽天下贤才，怕杀了刘备会影响他招揽贤才的计划，没有听从郭嘉的话。后来，曹操派刘备去攻打袁术，当时，郭嘉与程昱一起劝曹操说："放备，变作矣！"但当时刘备已经离去，并且很快就举兵谋反了，曹操后悔不已。

天时不如地利，地利不如人和

这句话出自《孟子》，意思是：有利于作战的天气时令比不上有利于作战的地理形势，有利于作战的地理形势比不上作战中人心所向，内部团结。

曾国藩说过："成大事者必以多得助手为第一要义。"

以赤壁之战为例，在这场战争中，曹操无疑是占了天时，而孙权占了地利，刘备占了人和。最后，赤壁之战以曹操的彻底失败而告终。赤壁之战成就了孙权，成就了周瑜，也给刘备的事业带来了迅速发展的机会。正是因为这次机会，才使得刘备从一员寄人篱下的将领，迅速成为三分天下的王者。

重赏之下，必有勇夫

这句话出自明代刘基《百战奇略·赏战》，意思是给以丰厚的奖励，就会有勇敢的人站出来，说明给士兵丰厚的奖赏，士兵就会奋勇杀敌。

这句话的起源可以追溯到更早的时期。春秋战国时，秦国的商鞅在秦孝公的支持下主持变法。当时处于战争频繁、人心惶惶之际，人们对当时的政权普遍不信任，为了树立威信，推进改革，实行新法，商鞅下令在都城南门外立一根三丈长的木头，并当众许下诺言：谁能把这根木头搬到北门，赏金十两。人们不相信如此轻而易举的事能得到如此高的赏赐，结果没人肯出手一试。于是，商鞅不断地提高赏金，最后将赏金提高到五十两。重赏之下，必有勇夫，终于有人站起将木头扛到了北门。商鞅立即赏了他五十两。这也同时是"立木为信"这个典故的来源。商鞅这一举动，在百姓心中树立起了威信，于是商鞅接下来的变法便很快在秦国推广开了。新法使秦国逐渐强盛起来。

明修栈道，暗度陈仓

比喻用一种假象迷惑对方，实际上却另有打算，这句话出自一个故事。秦朝刚被推翻的时候，当时势力最强的项羽，企图独霸天下，项羽对一般将领，都没有什么顾忌，唯独对刘邦很不放心。他知道，最难对付的敌手就是刘邦。他不愿意让他回到家乡（今江苏沛县）一带去，便故意把巴、蜀（都在今四川）和汉中（在今陕西西南山区）三个郡分给刘邦，封为汉王，以汉中的南郑为都城。刘邦接受张良的计策，把一路走过的几百里栈道，全部烧毁。栈道是在险峻的悬崖上用木材架设的通道。烧毁栈道的目的，是为了迷惑项羽，使他以为刘邦真的不打算出来了，从而放松对刘邦的戒备。

后来，刘邦拜韩信为大将，请他策划向东发展。韩信的第一步计划，是先取关中，于是派出几百名士兵，去修复栈道。这时，守着关中西部地区的章邯听到了这个消息，不禁笑道："谁叫你们把栈道烧毁的！你们自己断绝了出路，这么大工程，只派几百个士兵，看你们哪年哪月才得完成。"因此，章邯对于刘邦和韩信的这一行动，根本没有引起重视。

可是韩信表面上派兵修复栈道，装作要从栈道出击的姿态，实际上却和刘邦统率主力部队，暗中抄小路袭击关中，陈仓（在今陕西宝鸡县东）被占，守将被杀。章邯起初还不相信，以为是谣言，等到证实的时候，慌忙领兵抵抗，但是已经来不及了。章邯被逼自杀，驻守关中东部的司马欣和北部的董翳也相继投降。于是号称三秦的关中地区，迅速被刘邦占领了。

千军易得，一将难求

这句话的意思主要是说将才难得，这句话出自元代马致远的《汉宫秋》。

关于此句有一个有趣的故事：相传，楚汉争霸时期，刘邦急需要一个大将军，萧何向刘邦推荐了韩信。刘邦之前并不认识韩信，认为他只是个无名小卒，无足轻重，拜完将后，刘邦和韩信有一次谈话。

刘邦坐下来以后，就问韩信，萧丞相一而再、再而三地向寡人推荐将军，那么请问将军准备用什么东西来教导寡人呢？也就是委婉地说，你到底有什么本事呢？韩信说，先谢谢大王对韩信的信任，韩信想问问大王，当今和大王争夺天下的是不是就是项王呢？刘邦说是的。韩信接着说，好，那么请大王自己掂量掂量，就个人能力和自己集团的力量和势力而言，大王您比得上项王吗？刘邦一下子答不上来了。司马迁曾写道：汉王"默然良久"，最后说了三个字，"不如也"。于是，韩信跪下去拜了一下，说恭喜大王，大王说得非常对，就是我韩信也认为大王你比不上项王，无论就个人能力、魅力而言，还是就我们整个集团的实力而言，都比不上，但为什么要祝贺你呢？因为我发现你是一个实事求是的人，韩信最后说了一句话：三秦可传檄而定也，就是说你要发一个战书过去，三秦地区马上就是你的。刘邦一听，我打仗这么多年来，没听到哪一个人有这样的清晰的对整个局势的分析，于是对韩信说，哎呀，寡人真是相见恨晚啊。后来，韩信的表现确实印证了萧何"非此人无以取天下"的话。

治国平天下

民为贵，社稷次之，君为轻

出自《孟子·尽心下》，原文是孟子曰："民为贵，社稷次之，君为轻。是故得乎丘民而为天子，得乎天子为诸侯，得乎诸侯为大夫。"

这句话的意思是：人民放在第一位，国家其次，君在最后。《尚书》中也说："民为邦本，本固君宁。"老百姓才是国家的根本，根本稳固了，国家也就安宁了。

这句话在明朝的时候还有一个小故事。洪武初年，明太祖朱元璋翻阅《孟子》，其中的这句话让他感到越来越不舒服，他把书摔在地上，恶狠狠地说："使此老在今日，宁得免耶？"当时正赶上对古代先贤哲人的祭祀活动，朱元璋当即下达旨意，取消对孟子的配享和供奉。朱元璋担心大臣们会反对这一做法，又明告群臣，有敢劝谏者，以"大不敬"论罪处死，"命金吾射之"。当时的刑部尚书钱唐，明知劝阻皇帝有杀头之罪，仍然具本抗旨劝谏，并命役人抬棺随己上殿，"袒胸受箭"。他说："臣得为孟轲死，死有余荣。"朱元璋看钱唐"情辞剀切，为之感动"，急忙命令太医为钱唐治疗箭伤。过了不久，诏告天下，赞扬孟子"辨异端、辟邪说，发扬孔子之道"，又恢复了孟子配享孔子的地位。

不在其位，不谋其政

出自《论语·泰伯》"子曰：不在其位，不谋其政。"意思是：不担任这个职务，就不去过问这个职务范围内的事情。

这在政治上是一种美德，但中国历史上有很多不在其位，却干预朝政的例子。汉朝时的窦太后就是一个典型的例子。汉景帝时，景帝的母亲窦太后疼爱景帝的弟弟梁王刘武，总想要刘武来继承王位。一个叫窦婴的人，是窦太后的堂侄，看不惯她的行为，有一次顶撞她说，天下是高皇帝的天下，从来都是父子相传的。窦太后一怒之下，就把自己的这个堂侄驱逐出窦家。窦太后干预朝政最严重的一件事，莫过于对汉武帝时期"罢黜百家，表彰六经"的否定。她是相信黄老清静无为的那一套的。儒生袁固在她面前说《老子》讲的都是奴仆之言，气得她把袁固放到兽圈里去跟野猪搏斗。丞相窦婴、太尉田蚡、御史大夫赵绾和郎中令王臧，这四个人都是讲儒学的。后来赵绾上书，说大臣不必向东宫奏事，意思是说窦太后不必再干预朝政了，气得窦太后把这四个人都罢了官。窦太后对政权的干预，直接导致了汉武帝初期朝政的混乱，使汉武帝的雄才大略不得不暂时搁置。

兼听则明，偏信则暗

出自汉·王符《潜夫论·明暗》："君之所以明者，兼听也；其所以暗者，偏信也。"这句话的意思是：广泛的听取多方面的意见，就能明白事情的真相，作出正确的判断，只听信一方面的意见就会不了解真相，得出错误的结论。

后来唐朝的魏征也引用过这句话。唐太宗问宰相魏征:"我作为一国之君,怎样才能明辨是非,不受蒙蔽呢?"魏征回答说:"作为国君,只听一面之词就会糊里糊涂,常常会作出错误的判断。只有广泛听取意见,采纳正确的主张,您才能不受欺骗,下边的情况您也就了解得一清二楚了。"

从此,唐太宗鼓励大臣直言进谏。魏征去世后,唐太宗悲痛地说:"用铜做镜子,可以看出衣帽穿着是否整齐,用历史做镜子,可以明白各个朝代为什么兴起和没落;用人做镜子,可以清楚自己与别人的差距和得失。今天魏征不在了,我真是失掉了一面好镜子啊!"

这句"兼听则明,偏信则暗"就是从魏征劝太宗的话演变而来的。

这句话后来被人们广泛应用,1952年周恩来一次谈话中就指出"毛泽东同志常常讲'兼听则明,偏信则暗'",正是这样一个道理。我们管理着这样大的一个国家,就要注意听取各种意见。对我们共产党员来说,就是要分辨出哪些意见是对的,哪些意见是不对的。这对于我们也是一种锻炼、教育和学习。

天下有道则庶人不议

意思是:天下的治理符合大道,那么平民百姓就不会议论朝政。出自《论语·季氏第十六》,原文如下:"天下有道,则礼乐征伐自天子出;天下无道,则礼乐征伐自诸侯出。自诸侯出,盖十世希不失矣;自大夫出,五世希不失矣;陪臣执国命,三世希不失矣。天下有道,则政不在大夫。天下有道,则庶人不议。"

战国时期,齐威王听从了邹忌的建议,下令全国:"群臣吏民能面刺寡人之过者,受上赏;上书谏寡人者,受中赏;能谤讥于市朝,闻寡人之耳者,受下赏。"命令刚下的时候,人们纷纷进谏,门庭若市;数月之后,只是偶尔有进谏的;虽然想进谏,却没有什么事值得进谏了。这是一个"天下有道则庶人不议"最生动的例子。

有人说,有道的社会更应有舆论监督,因此就说孔子在这里的意思好像是不让百姓对政府施行舆论监督,因而是专制的体现。

所以，后来康有为就把孔子的这句话改为："天下有道则庶人议。"

而聂绀弩老先生对于康有为与孔子的话感觉还是不太满意，于是就又改为：天下有道则庶人议，天下无道则庶人不议。

前事不忘，后事之师

据《战国策·赵策一》记载，春秋末年，晋国的大权落到智、赵、魏、韩四卿手中，公元前458年（战国时期），晋定公病死。

定公死后，宗室姬骄被立为国君，史称晋哀公。智卿智伯独揽了朝政大权，成为晋国最大的卿。智伯分别向魏桓子和韩康子要了土地。当他要求赵襄子割地时，遭到了严厉拒绝。智伯立即派魏桓子和韩康子一起去攻打赵襄子。

智伯率魏、韩两家攻打晋阳，由于魏、韩不愿为智伯卖命，智伯无法取胜。

晋阳被智伯围困了整整三年，形势越来越危急。一天，张孟谈面见赵襄子，说："魏、韩两家是被迫的，我去向他们说明利害，动员他们反戈联赵，共同消灭智伯。"当天夜晚，张孟谈潜入魏、韩营中，说服了魏桓子和韩康子，决定三家联合起来消灭智伯。后来，赵、魏、韩三家联合进攻，杀得智伯军四散逃窜，智伯被擒。从此，晋国形成了赵、魏、韩三家鼎立的局面。

一天，张孟谈向赵襄子告别，赵襄子急忙挽留。张孟谈说："你想的是报答我的功劳，我想的是治国的道理，正因为我的功劳大，名声甚至还会超过你，所以才决心离开。在历史上从来没有君臣权势相同而永远和好相处的。'前事之不忘，后事之师'，请你让我走吧。"

后人将"前事之不忘，后事之师"改为"前事不忘，后事之师"，提醒人们要以史为鉴。

创业维艰，守成不易

意思是指创业不易，继承事业使其不衰更加不易。这句话出自《贞观政要》"太宗曰：'玄龄昔从我定天下，备尝艰苦，出万死而遇一生，所以见草创之难也。魏征与我安天下，虑生骄逸之端，必践危亡之地，所以见守成之难也。今草创之难，既已往矣，守成之难者，当思与公等慎之。'"

隋朝末年，爆发了大规模的农民起义。李渊父子起兵反隋，经过长期的战争，最后建立唐朝。后来唐太宗李世民继位后，常与众大臣论治国之道。一天，唐太宗问大臣创业与守业哪个更难，曾经跟随唐太宗出生入死的大臣房玄龄认为"见创业之难"，而另一大臣魏征则认为"见守成之不为易"。最后唐太宗做了总结，就是"创业维艰，守成不易"。

在《儒林外史》第二十二回中也有此句，吴敬梓在描写扬州大盐商万雪斋居所时写道："举头一看，中间悬着一个大匾，金字是'慎思堂'三字，旁边一行'两淮盐运使司盐运使荀玫书'两边金笺对联，写'读书好，耕田好，学好便好；创业难，守成难，知难不难。'"

其身正，不令而行；其身不正，虽令不行

出自《论语·为政》，意思是自己行为端正，不用命令就能够实现（目标），自己行为不端正，即便命令（人民）也不会听从。

说到治理国家，孔子重视民生疾苦，呼唤仁政，希望统治者以仁义之心待民，他说"苛政猛于虎"，他还强调无论什么法令法规，统治者都要首先以身作则，"其身正，不令而行；其身不正，虽令不行"。

作为领导，连自己都做不到或不愿做的，要求群众做到显然是不可能的。"喊破嗓子，不如做出样子。"老百姓对领导总是"听其言观其行"的。

日本企业界就深谙这句话的道理。日本东芝公司总经理士光敏夫，丰田公司创始人丰田佐吉、丰田喜一郎等人都喜欢读《论语》，丰田喜一郎还将"其身正，不令而行"作为座右铭。无独有偶，中国著名企业家柳传志先生，也一直把"其身正，不令而行"这句话放在办公桌上，勉励自己。

君子不以言举人，不以人废言

出自《论语》，意思是：君子不只凭一个人的言论来提拔人才，也不因为某人不好而不采纳他的建议。

关于这句话,在唐朝还有一个故事。唐宣宗时,令狐绹也引用过这句话。那时令狐绹任宰相,他向唐宣宗推荐李远,因为唐宣宗听了别人的话,死活也不答应。令狐绹认定李远有真才实学,对宣宗说:"我们不能因为谁言辞动听而提拔他,也不能因为一句话埋没了人才啊!"唐宣宗听从了令狐绹,后来派李远去治理杭州,他把杭州治理得井井有条。

这句话在现在还经常被引用。毛泽东在《为人民服务》这篇文章中也引用了这句话:"不管是什么人,谁向我们指出都行。只要你说得对,我们就改正。你说的办法对人民有好处,我们就照你说的办。"

小不忍,则乱大谋

语出《论语·卫灵公》"子曰:巧言乱德,小不忍则乱大谋。""小不忍,则乱大谋"的意思是小事不忍耐就会坏了大事。

《孙子兵法》指出:"主不可以怒以兴师,将不可以愠而致战,合于利而动,不合于利而止。"认为国君不可以因一时的愤怒而兴兵打仗,将帅不可凭一时的怨愤而与敌交战,因为一个人愤怒过后可以转变为高兴,怨愤过后可以转变为喜悦,但国家灭亡了就再也难以恢复了,人死了就再也无法变活了。一切都要以是否有利为转移,有利就行动,不利就停止,这才是理智的行为。

历史上因为不能忍一时之气而失败,因能够忍一时之气而成功的例子比比皆是。三国时期,蜀国名将关羽被东吴擒杀。张飞和刘备不能忍一时之气,举兵为关羽报仇,结果张飞被部下害死,刘备被吴将陆逊一把火烧得溃不成军,数万军士丧生,刘备本人带着残兵败将退归白帝城,羞愧交加,一命呜呼。蜀军从此一蹶不振了。而魏大臣司马懿多谋善变,遇事极为冷静,从不为自己的情绪左右。诸葛亮曾经派人给他送去了妇女的服饰,以侮辱他,想刺激他决一死战,但他看到后只是佯装恼怒,却始终按兵不动。终于使诸葛亮心力交瘁,病死在了五丈原军中。

末大必折,尾大不掉

树枝大了一定折断,尾巴大了就不能摇动,人们常用这句成语比喻部下势力强大,不听从调动和指挥。出自《左传·昭公十一年》:"末大必折,尾大不掉,君所知也。"

公元前531年,楚国国君楚灵王在城地、蔡地、不羹筑城,并打算派弃疾做蔡公。为此,楚王向申无宇征求意见。申无宇说:"选择儿子没有像父亲那样合适的,选择臣子没有像国君那样合适的。郑庄公在栎地筑城而安置了子元,使昭公不能立为国君。齐桓公在谷地筑城而安置了管仲,到现在齐国还得到利益。臣听说,五种大人物不在边境,五种小人物不在朝廷;亲近的人不在外边,寄居的人不在里边。现在弃疾在外边,郑丹在里边,君王恐怕要稍加戒备才好。"楚王说:"国都有高大的城墙,不要紧吧。"申无宇回答说:"在郑国的京地,栎地杀了曼伯,在齐国的渠丘,杀了无知,在卫国的蒲地,戚地赶走了献公。这样看来,就有害于国都。末大必折,尾大不掉,国君还是注意点好。"

辅车相依,唇亡齿寒

比喻关系十分密切,休戚相关。

这句话出自《左传·僖公五年》。公元前658年,晋国准备攻打虢国,可是晋国和虢国之间隔着虞国,晋国不知虞国是否让他们经过他的国土。大夫荀息献计说:"虞国国君是贪婪而没有见识的人,如果我们把美玉、宝马送给虞国国君,他一定会答应借路的。"于是,晋献公采纳了此计。虞国的贤臣宫之奇知道了这件事,就劝国君不要借路给晋国,否则大祸就会降临到虞国的头上,他说:"虞国和虢国的关系就像车子和车旁的夹板一样紧密。车子要依靠夹板,夹板也要依靠车子,否则就不稳固,如果嘴唇都没有了,牙齿就会感到寒冷。虢国之所以没有被灭掉,依靠的是我们虞国;虞国之所以没有被灭掉,依靠的是虢国,如果我们现在借路给晋国去打虢国,那么虢国如果在早上灭亡,当天晚上虞国就会被消灭。"虞公不听宫之奇的忠告,收了晋国的礼物,把路借给了晋国。于是晋国派荀息带兵借道虞国去攻打虢国。晋国把虢国灭了之后,回来时顺道把虞国也消灭了。这就是"假道伐虢"的故事,"辅车相依,唇亡齿寒"作为一个典故也从此流传开来。

一张一弛,文武之道

此语出自《礼记·杂记下》。孔子的学生子贡随孔子去看祭礼,孔子问子贡："赐（子贡的名字）也乐乎？"子贡答："一国之人皆若狂，赐未知其乐也。"孔子说："张而不弛，文武不能也；弛而不张，文武弗为也；一张一弛，文武之道也。"

这里的"文武"指善于治国的周文王、周武王。整段话的意思是：一直把弓弦拉得很紧而不松弛一下，这是周文王、周武王也无法办到的；相反，一直松弛而不紧张，那是周文王、周武王也不愿这样做的；只有有时紧张，有时放松，有劳有逸，宽严相济，这才是周文王、周武王治国的办法。

历史上深谙此道的人还真不少，毛泽东就曾在《对晋绥日报编辑人员的谈话》中说："你们的缺点主要是把弓弦拉得太紧了。拉得太紧，弓弦就会断。古人说'文武之道，一张一弛。'现在好像'弛'一下，同志们会清醒起来。"

名句里的真情与挚爱

母仪垂则辉彤管

兄弟阋于墙，外御其侮

这句话出自《诗经·小雅·常棣》，意思是：兄弟们虽然在家里争吵，但能一致抵御外人的欺侮。比喻内部虽有分歧，但能团结起来对付外来的侵略。

西安事变的经过和结果就深刻地体现了这句话的内涵。1931年，日本关东军发动了九一八事变，张学良撤出东北。1935年，共产党中央红军抵达陕北，蒋介石遂调东北军入陕甘"剿共"。以西安为中心的国民党军队的主要力量有张学良率领的东北军和杨虎城率领的第十七路军，两只军队深感"剿共"没有出路，强烈要求抗日，收复东北国土。

"兄弟阋于墙，外御其侮"，张学良自从在西北地区实行联共抗日之后，曾多次劝谏蒋介石停止内战，一致对外，都被拒绝。12月12日凌晨，东北军和第十七路军协同行动，扣留了蒋介石，并囚禁了陈诚、卫立煌等国民党军政大员，实行"兵谏"，最后实现了停止内战，一直对外的目标。

内睦者，家道昌

这句话出自宋林逋的《省心录》，意思是：家庭内部和睦的，家庭就昌盛。

三国时曹操父子和司马懿父子之间正反两方面的事例深刻地说明了这个道理。三国时，曹丕兄弟相残，大大削弱了曹氏集团的内部力量，从而给了司马氏集团以可乘之机，而司马氏父子之所以能够取代曹魏，与他们内部的团结也是分不开的。

魏国的大将司马懿，出身大士族地主。

司马懿先后在曹操和魏文帝曹丕手下，担任了重要职位。到了魏明帝即位，司马懿已经是魏国的元老。由于他长期带兵在关中跟蜀国打仗，魏国兵权大部分落在他手里。

司马懿到了洛阳，魏明帝已经病重了。明帝把司马懿和皇族大臣曹爽叫到床边，嘱咐他们共同辅助太子曹芳。

魏正始十年，司马氏父子发动兵谏，使司马氏得以独专朝政。魏国有些地方将领本来不服司马氏的专权，司马师废去曹芳后，就有扬州刺史文钦和镇东将军毌丘俭起兵声讨司马师。司马师亲自带兵征讨，打败了文钦和毌丘俭。但是在回师许都之后，司马师也得病死了。接着，司马昭做了大将军。

最后，司马炎建立晋朝，取代了曹魏，并灭掉了吴蜀，统一了全国，曹魏之所以失败，与其内部兄弟相残有直接关系，而司马氏之所以能够取代曹魏，正是其父子同心协力的结果。

本是同根生，相煎何太急

这句话出自曹植的《七步诗》：煮豆燃豆萁，豆在釜中泣。本是同根生，相煎何太急。

曹氏父子三人是三国时期的著名文学家，合称三曹，曹植的"七步诗"更是一段佳话，已成了中国历史长河中为了争夺地位、权力、财产，兄弟反目、手足相残的一种写照。

在争夺魏王位的过程中，曹植是曹丕的劲敌，他曾获其父曹操的特别喜爱，曹操也曾一度欲废曹丕而立其为王太子。在曹植与曹丕的斗争中，曹丕是胜利者，最终继承了魏王位。按理说曹丕的地位和权力已基本巩固，可忌恨曹植的念头没有改变。其实，曹植并未犯下什么大罪，只是有人告发他经常喝酒骂人，还把曹丕派出的使者扣押起来，这算不上犯罪，杀之怕众不服，曹丕便想出个"七步成诗"的办法。所幸的是，出口成诗是曹植的拿手好戏，这"七步诗"便成了救命诗，曹丕不得不收回成命，降低曹植的官爵了事。

马上相逢无纸笔， 凭君传语报平安

这句话出自唐代岑参的《逢入京使》：故园东望路漫漫，双袖龙钟泪不干。马上相逢无纸笔，凭君传语报平安。全诗的意思是：回头东望故园千里，路途遥远迷漫；满面龙钟两袖淋漓，涕泪依然不干。途中与君马上邂逅，修书却无纸笔；唯有托你捎个口信，回家报个平安。

岑参，天宝三年进士及第，授右内率府兵曹参军。其诗以边塞诗著称，写边塞风光及将士生活。

这首诗写于诗人赴安西途中，恰遇入京使者，因而捎带口信。此诗约写于天宝八载（749年），这年岑参第一次从军西征，他辞别了居住在长安的妻子，跃马踏上了漫漫的征途，充任安西节度使高仙芝的幕府书记，西出阳关，奔赴安西。当一个战士踏上征途之后，他们不可能没有思乡的感情，也不可能不思念父母妻子，这首诗就是在这样一种背景下所作。

树欲静而风不止， 子欲养而亲不待

这句话出自《汉·韩婴·韩诗外传·卷九》："树欲静而风不止，子欲养而亲不待也。"借树欲静，而风不休不止地吹为比喻，感叹孩子想要孝敬双亲时，父母却已亡故。

另外，《琵琶记·第三十七出》记载了一则故事"孔子听得皋鱼哭啼，问其故，皋鱼说道：'树欲静而风不止，子欲养而亲不在。'"

故事是说，春秋时孔子和弟子们出去游玩，忽然听到路边有人在啼哭，就上前去看怎么回事。啼哭的人叫皋鱼，皋鱼解释了他啼哭的原因："我年轻时好学上进，为了求学曾经游历各国，等我回来时父母却已经双双故去。作为儿子，当初父母需要侍奉的时候我却不在身边，这好像'树欲静而风不止'；如今我想要侍奉父母，父母却已经不在了。父母虽然已经亡故，但他们的恩情难忘，想到这些，内心悲痛，所以痛哭。"

此句借树欲静，而风不休不止地吹之为喻，实叹人子欲孝敬双亲时，其父母皆已亡故，后喻事与愿违，不尽如人意，或客观情况与主观愿望相悖。

父子不信，则家道不睦

这句话出自唐代武则天所撰《臣轨·诚信章》。武则天之所以有如此的说法，是有感于唐初李世民父子之间的不睦。

唐朝建立以后，唐高祖李渊封李建成为太子，李世民为秦王，李元吉为齐王。三个人当中，数李世民功劳最大。太子建成自己知道威信比不上李世民，心里妒忌，就和弟弟齐王元吉联合，一起排挤李世民。唐高祖听信宠妃的话，跟李世民渐渐疏远起来。李世民多次立功，建成和元吉更加忌恨，千方百计想除掉李世民。

后来，突厥进犯中原，建成向唐高祖建议，让元吉代替李世民带兵北征。唐高祖任命元吉为主帅后，元吉又请求把尉迟敬德、秦叔宝、程咬金三员大将和秦王府的精兵都划归元吉指挥。这样，他们就可以放手杀害李世民。

有人把这个秘密计划报告了李世民。李世民感到形势紧急，于是发动了玄武门政变，杀死了太子和齐王。过了两个月，唐高祖让位给秦王，自己做太上皇，李世民即位，就是唐太宗。

而李渊之所以会家庭不睦，就是因为父子不信，最后导致儿子们兄弟相残的悲惨结局。

独在异乡为异客，每逢佳节倍思亲

出自唐代王维的《九月九日忆山东兄弟》：独在异乡为异客，每逢佳节倍思亲。遥知兄弟登高处，遍插茱萸少一人。

王维弟兄共五人，他居长，另有两个妹妹。作这首诗时，他初次离开了家乡，诗中表达了他思念亲人的深情。王维是早熟的诗人，"年未弱冠，文章得名"。他从十五岁开始作诗，二十岁以前便写出了《洛阳女儿行》和《桃园行》等佳篇。这首《九月九日忆山东兄弟》是他十七岁作的诗，以直抒思乡之情起笔。

清人沈德潜在《唐诗别裁集》卷十九中以为诗的后两句"即陟岵诗意"，也就是说有《诗经·魏风·陟岵》的意味。《诗经·魏风·陟岵》末章写道："陟彼高冈，瞻彼兄兮。兄曰嗟予弟行役，夙夜必偕。"王维这首小诗属诗中有句，它的前两句在人们的传诵中，成了人们思亲情感的普遍概括。所以，每当人们在节日思亲时，便很自然地吟诵这两句诗了。

在中国传统节日中，一直有重九登高的习俗，这来自一个传说：晋朝人桓景从仙人费长房那里学道，长房对他说："九月九日，汝家当有灾厄，宜急去，令家人各作绛囊，盛茱萸以系臂，登高饮菊花酒，此祸可消。"桓景听了他的话，果然避免了灾祸。以后就有了重阳登高的习俗。

百善孝为先

这句话出自清王永彬著的《围炉夜话》。原文是："百善孝为先，万恶淫为源。常存仁孝心，则天下凡不可为者，皆不忍为，所以孝居百行之先；一起邪淫念，则生平极不欲为者，皆不难为，所以淫是万恶之首。"

"孝"的道德在中国有悠久的历史，也留下了很多有关孝的故事。

孔子的弟子子路，小时候家里很穷，长年靠吃粗粮野菜度日。有一次，年老的父母想吃米饭，可是家里一点米也没有，于是，年龄幼小的子路翻山越岭走了十几里路，从亲戚家背回了一小袋米，终于使父母吃上了香喷喷的米饭。

《三字经》中有"香九龄，能温席"这样一句话。这里的"香"指的是东汉时的黄香。黄香小时候，家境困难，10岁失去母亲，父亲多病。夏天，他在睡前用扇子赶打蚊子，扇凉父亲的床和枕头，以便让父亲早一点入睡；冬天，他先钻进冰冷的被窝，用自己的身体暖热被窝后才让父亲睡下。这就是"香九龄，能温席"的故事。

朱德在《回忆我的母亲》中，曾以无限的深情赞颂了母亲无比的爱和高尚的品质。毛泽东也曾在《祭母文》中写道："吾母高风，首推博爱。"伟人们的孝子情怀的确让人景仰。

谁言寸草心，报得三春晖

这句话出自唐代孟郊的《游子吟》，意思是：谁能说像小草的那点孝心，可报答春晖般的慈母恩惠？原诗是：慈母手中线，游子身上衣。临行密密缝,意恐迟迟归。谁言寸草心,报得三春晖。

孟郊一生窘困潦倒,直到五十岁时才得到了一个溧阳县尉的卑微之职。诗人自然不把这样的小官放在心上,仍然放情于山水吟咏,公务则有所废弛,县令就只给他半俸。本篇题下作者自注"迎母溧上作",当是他居官溧阳时的作品。

这首诗是孝敬母亲的名篇,而孟郊也是孝敬母亲的典范。在历史上,还有很多有名的孝子,岳飞孝敬母亲也是很出名的。尽管军务繁冗,但只要不出兵,岳飞总是晨昏侍候母亲,无微不至。甚至为了照顾母亲的休息和调养,连走路和咳嗽都不敢出声。岳飞在克复襄汉六郡后,就因母亲病重,"别无兼侍,以奉汤药",上奏恳请暂解军务,可谓难得的孝子,也应了"自古大孝无大恶"那句古话。

人生得一知己足矣

白头如新,倾盖如故

这句话见于《史记·鲁仲连邹阳列传》"谚曰:'有白头如新,倾盖如故。'何则?知与不知也。"

汉景帝时,邹阳与枚乘等人共事吴王刘濞。当刘濞欲反叛汉朝中央时,他上书劝阻,刘濞不听。后来,邹阳离开吴王投奔了梁孝王。在梁孝王那里,邹阳又遭羊胜等人谗言陷害,被捕入狱。

在狱中,邹阳写了《狱中上梁王书》,书信中,邹阳列举了一些历史故事,以表明自己的清白。邹阳写道:自古以来忠而见疑,贤而受谤的人是很多的。荆轲为燕太子丹报仇,去刺秦王。出发时,出现了白虹贯日的现象;秦将白起攻破赵国的长平之后,派卫先生见秦昭王,请求增兵,打算一举灭赵时,出现了太白食昴的天象。这是因为荆轲和卫先生的忠心感动了天地,使天象发生了变化。可他们的忠心却不为燕太子丹和秦昭王所了解,反而对他们起了疑心。卞和得到一块宝玉,两次献给楚王,楚王却误认为是石头,竟将卞和的脚给割断了。秦始皇用李斯为相,统一了天下,但到二世胡亥时,李斯却备受酷刑而死。……古谚说得好：不相知的人，虽然同处到头发白了，仍然等于生人；相知的人，即使是短时相处，也和老朋友一样。……历史上不少成就大事的，就是君臣之间相互信任，君臣之间肝胆相照。

梁孝王接到邹阳的奏书以后，大为感动，立刻将他释放并待为上宾。

海上生明月，天涯共此时

这句话出自唐代张九龄的《望月怀远》：海上生明月，天涯共此时。情人怨遥夜，竟夕起相思。灭烛怜光满，披衣觉露滋。不堪盈手赠，还寝梦佳期。

"海上生明月，天涯共此时"，前句写景：辽阔无边的大海上升起一轮明月；后句即景生情：诗人想起了远在天涯海角的友人，此时此刻他也和我望着同一轮明月。这与谢庄《月赋》中的"美人迈兮音尘绝，隔千里兮共明月"意思相近，"天涯共此时"一直被广泛引用来表达对彼此分离的亲人或朋友的思念，中央电视台有一档节目就叫《天涯共此时》，著名主持人李咏就曾经在这档节目中担任过主持。另外，《回家——〈天涯共此时〉1999年中秋特别节目》中也引用了这句话。

洛阳亲友如相问，一片冰心在玉壶

这句话出自王昌龄的《芙蓉楼送辛渐》，意思是：朋友啊，洛阳亲友若是问起我来，就说我依然冰心玉壶，坚守信念！全诗为：寒雨连江夜入吴，平明送客楚山孤。洛阳亲友如相问，一片冰心在玉壶。

冰心，比喻心的纯洁；玉壶，冰在玉壶之中，进一步比喻人的清廉正直。清代文人沈冰壶，字玉心，他的名字便取自王昌龄的这个名句。

著名作家谢婉莹的笔名就叫"冰心"。冰心写的第一篇小说叫《两个家庭》，描写了两个家庭由于教育与文化背景的不同，走上了两条生活的道路。小说写好后，寄给了刘放园表兄。

这篇小说，就是以冰心为笔名。一来是因为冰心两字，笔画简单好写，而且是莹字的含义。二来是她太胆小，怕人家笑话批评。稿子寄去后三天，居然登出了，并且是连载三天，署名为冰心女士。冰心打电话到报社，询问为何要在"冰心"后面加上"女士"，但木已成舟，不能更改。所以，后来冰心往往也以"冰心女士"的笔名发表文章。

莫愁前路无知己，天下谁人不识君

这句话出自唐代高适的《别董大》：千里黄云白日曛，北风吹雁雪纷纷。莫愁前路无知己，天下谁人不识君。

董大，即唐玄宗时著名的琴客董庭兰，因在兄弟中排行第一，故称"董大"。盛唐时盛行胡乐，能欣赏七弦琴这类古乐的人不多。崔珏有诗道："七条弦上五音寒，此艺知音自古难。唯有河南房次律（盛唐宰相房官），始终怜得董庭兰。"写这首诗时，高适很不得志，常处于贫贱的境遇之中。但在这首送别诗中，高适却以开朗的胸襟、豪迈的语调，把临别赠言说得激昂慷慨、鼓舞人心。

关于知己，在中国古代有一个著名的故事。在春秋战国的时候，有一个叫俞伯牙的人，是晋国的大夫，他老家在荆州。一日，俞伯牙受晋主之命，从水路回荆州探亲。

当时正是八月中秋时节，俞伯牙焚香抚琴。一曲犹未终，指下断了一根琴弦。

俞伯牙知道有人在偷听琴音，命人寻找，找来一个身披蓑衣的樵夫。俞伯牙认为，你一个村夫能懂什么琴音？唤人将樵夫撵走。樵夫不走说："大人欺负山野中没有听琴之人，这荒崖下野也不该有抚琴之人。"俞伯牙就考他刚才所弹之曲。樵夫答道："大人所抚是孔仲尼叹颜回，谱入琴声。"其词：可惜颜回命早亡，叫人思想鬓如霜。

俞伯牙仍旧抚琴，樵夫答道意在高山。俞伯牙仍旧抚琴，樵夫答志在流水。

俞伯牙终于遇见知音，此樵夫便是钟子期，于是两人结为兄弟，并约好明年中秋十五仍旧在这儿赏中秋。

没想到第二年中秋钟子期却死了。俞伯牙于是来到了钟子期的坟前，取出解刀，割断琴弦，双手举琴，摔得粉碎，并且说：摔碎瑶琴凤尾寒，子期不在对谁弹。春风满面皆朋友，欲觅知音难上难。

海内存知己，天涯若比邻

这句话出自唐代王勃的《送杜少府之任蜀州》：城阙辅三秦，风烟望五津。与君离别意，同是宦游人。海内存知己，天涯若比邻。无为在歧路，儿女共沾巾。

王勃，字子安，绛州龙门人。14岁时应举及第，当了一名朝散郎，沛王召为修撰，但不久就被唐高宗贬黜了。后来一度任虢州参军，又犯了死罪，幸而遇赦。他的父亲受他牵累，贬为交趾令。他渡海省亲，不幸溺水而死，年仅25岁。《送杜少府之任蜀州》是他在长安的时候写的。"少府"，是唐代对县尉的通称。这位姓杜的少府将到四川去上任，王勃在长安相送，临别时赠给他这首诗。

这句话用了《论语》上的一个典故，子夏曰："……君子敬而无失，与人恭而有礼。四海之内皆兄弟也。君子何患乎无兄弟？"

故事是说，孔子的弟子司马牛，有一次向孔子请教怎样才叫君子。孔子对他说："君子不忧愁，不害怕。"司马牛不懂这话的意思，问道："不忧愁，不害怕，就叫做君子了吗？"孔子说："君子经常反省自己，所以内心没有愧疚，还有什么可忧愁、可害怕的呢？"司马牛辞别孔子后，见到了他的师兄子夏。他说："人家都有兄弟，多快乐呀，唯独我没有。"子夏听了安慰他说："我听说过'一个人死与生，要听从命运的安排，富贵则是由天来安排的。'君子做事谨慎认真，不出差错；和人交往态度恭谨而合乎礼节。那么普天之下到处都是兄弟，君子何必担忧没有兄弟呢？"

投我以桃，报之以李

这句话出自《诗经·大雅·抑》："投我以木桃，报之以琼瑶，匪报也，永以为是好也。"意思是：他送我的是红桃，我报他的是琼瑶，琼瑶哪能算报答，是求彼此永相好。这就是"投之以桃，报之以李"这句话的由来。

这句话如果用一个成语来概括，就是"礼尚往来"。1945年4月23日，中共"七大"在延安杨家岭中央大礼堂隆重开幕。4月24日，毛泽东向大会做了口头报告。在口头报告中，毛泽东就对国民党的自卫与反击问题指出，我们要站在自卫的立场反击国民党的进攻，一个是自卫，一个是反击。一切国民党的大小进攻，必须给以反击，给以回答。不论是文的也好，武的也好，特别是武的，只要它进攻，就要把它消灭干净。

接着，毛泽东阐述了我党对于国民党军队的进攻所采取的方针，其中就有"礼尚往来"一条。毛泽东用幽默的口吻阐述了面对国民党进攻的原则，实际上就是"投我以桃，报之以李"。

故乡今夜思千里

复恐匆匆说不尽，行人临发又开封

这句话出自张籍的《秋思》：洛阳城里见秋风，欲作家书意万重。复恐匆匆说不尽，行人临发又开封。

这首诗写的是诗人作客他乡，见秋风而思故里，便托人捎信。临走时怕遗漏了什么，又连忙打开看了几遍。

王安石《题张司业》诗说："看似寻常最奇崛，成如容易却艰辛。"道出这首诗的艺术风格和创作甘苦。张翰因预测到齐王司马冏即将作乱，急流勇退，但张籍作这首诗未必有什么政治上的原因，从诗人的历史来看，原来他本籍吴中（今江苏苏州），与晋人张翰是同乡。据《晋书·张翰传》记载"因见秋风起，乃思吴中菰菜、莼羹、鲈鱼脍，曰：'人生贵得适志，何能羁宦数千里以要名爵乎！'遂命驾而归。"张籍与张翰异代同里，并且同时在北方做官，在见秋风而思故乡这一点上，他和张翰却极其相似，虽然不能像张翰那样马上"命驾而归"，却在诗中体现了这种浓浓的乡情。

近乡情更怯，不敢问来人

这句话出自唐代宋之问的《渡汉江》：岭外音书断，经冬复历春。近乡情更怯，不敢问来人。

这是宋之问诗中流传最为广泛的一首小诗，宋之问在神龙元年（705年）春被贬为泷州参军，第二年便逃归洛阳，匿居友人张仲之家里。这首小诗就是他逃归途中所作。广东罗定县与广西岑溪县接壤，地处偏远的群山之中，西有云开大山，东有大云雾山，古时交通极为不便，音书难达。诗人贬罗定后，与家人断绝了音信，后来逃到了襄阳，襄阳是唐代东西两京通向江南、岭南必经的要道。过了襄阳,洛阳已经指日可达,经历了千辛万苦翻山越岭,终于接近家乡了,本该万分激动,但他又担心自己会听到不幸的或可怕的消息。同时因为自己被贬谪又逃归的特殊身份,更使他心情复杂,不敢见乡人。这首诗,把欲听、盼听而又怕听和欲见、急见而又怕见的微妙心情表现得淋漓尽致,所以这首五言绝句影响深远。

烽火连三月, 家书抵万金

这句话出自杜甫的《春望》:国破山河在,城春草木深。感时花溅泪,恨别鸟惊心。烽火连三月,家书抵万金。白头搔更短,浑欲不胜簪。

诗人目睹沦陷后的长安之萧条零落,身历逆境,思家情切,不免感慨万端。诗的一、二两联,写春城败象,饱含感叹;三、四两联写心念亲人境况,充溢离情。

全诗沉着蕴藉、真挚自然,反映了诗人热爱祖国,眷怀家人的感情。今人徐应佩、周溶泉等评此诗曰:"意脉贯通而平直,情景兼备而不游离,感情强烈而不浅露,内容丰富而不芜杂,格律严谨而不板滞。"此论颇为妥帖。"家书抵万金"亦为流传千古之名言。

唐肃宗至德元载(756年)六月,安史之乱的叛军攻下唐都长安。七月,杜甫听到唐肃宗在灵武即位的消息,便把家小安顿在鄜州的羌村,去投奔肃宗。途中为叛军俘获,带到长安。因他官卑职微,未被囚禁。《春望》写于次年三月。

日暮乡关何处是? 烟波江上使人愁

这句话出自唐代崔颢的《黄鹤楼》:昔人已乘黄鹤去,此地空余黄鹤楼。黄鹤一去不复返,白云千载空悠悠。晴川历历汉阳树,芳草萋萋鹦鹉洲。日暮乡关何处是?烟波江上使人愁。

诗人满怀对黄鹤楼的美好憧憬慕名前来,可昔人驾鹤登仙,如今已杳无踪迹,眼前只剩下了一座寻常可见的江楼。于是诗人登临古迹,睹物思人,即景生情,借传说落笔,然后生发开去,写下了这首千古不朽的名作。

宋代著名诗歌理论家严羽《沧浪诗话》谓："唐人七言律诗，当以崔颢《黄鹤楼》为第一。"据元人辛文房《唐才子传》记载，当年李白登黄鹤楼本欲赋诗，因见崔颢此作，说了一句"眼前有景道不得，崔颢题诗在上头"，但是李白的《登金陵凤凰台》"凤凰台上凤凰游，凤去台空江自流。吴宫花草埋幽径，晋代衣冠成古丘。三山半落青天外，二水中分白鹭洲。总为浮云能蔽日，长安不见使人愁"，也有明显的摹学此诗的痕迹。

清人沈德潜在《唐诗别裁》卷十三中以为此诗"意得象先，神行语外，纵笔写去，遂擅千古之奇"。清人孙洙（别号蘅塘退士）编选的《唐诗三百首》，将崔颢的《黄鹤楼》放在了"七言律诗"的首篇。

至于黄鹤楼的得名，传说跟一个道士有关。有一个道士常来这一家酒家喝酒，因为老板不收他的钱，所以他临走时便在墙上画了一只会飞下来跳舞的黄鹤，从此酒家生意兴隆。十年后，道士再来到酒家，骑上鹤便飞走了。后来老板在这里建了一座楼，称之为"黄鹤楼"。

人情怀旧乡， 客鸟思故林

这句话是晋人王赞《杂诗》中的一句。全诗如下：朔风动秋草，边马有归心。胡宁久分析，靡靡忽至今。王事离我志，殊隔过商参。夕往鸧鹒鸣，今来蟋蟀吟。人情怀旧乡，客鸟思故林。师涓久不奏，谁能宣我心？

南朝人对这首诗尤其是首句嘉评甚多。如沈约《宋书·谢灵运传论》称："子建函京之作，仲宣霸岸之篇，子荆零雨之章，正长朔风之句，并直举胸情，非傍诗史。"钟嵘《诗品》中说："子荆'零雨'之外，正长'朔风'之后，虽有累札，良亦无闻。"

关于乡愁的诗，从古到今有很多，但要论起今天的乡愁诗，最有名的当然应属余光中先生的《乡愁》了。1972年1月21日，余光中在台北厦门街家里，写了《乡愁》：小时候/乡愁是一枚小小的邮票/我在这头母亲在那头/长大后/乡愁是一张窄窄的船票/我在这头新娘在那头/后来啊/乡愁是一方矮矮的坟墓/我在外头母亲在里头/而现在/乡愁是一湾浅浅的海峡/我在这头大陆在那头这首诗的影响持续了三十多年，遍及五湖四海，感动了亿万炎黄子孙。

《乡愁》发表后，最早予以好评的，应是陈鼎环。陈在《台湾时报》1972年3月29日、30日发表《诗的四重奏——从余光中的〈乡愁〉谈起》，说它唱的是"自古至今中国人的繁茂幽深、激荡微妙的乡愁"。《乡愁》面世近十年后，于20世纪80年代初登上大陆，在内地热播。香港作家刘济昆把余光中等台湾诗人的诗集，寄给四川诗人流沙河，流沙河把《乡愁》等诗交给大陆的报刊发表。此文刊于大陆的《名作欣赏》1982年第6期，翌年香港的《当代文艺》转载。

儿童相见不相识， 笑问客从何处来

贺知章在天宝三载（744年），辞去朝廷官职，告老返回故乡越州永兴（今浙江萧山）时已八十六岁，这时，距他这离乡已有五十多个年头了。人生易老，世事沧桑，心头有无限感慨，便写了这首《回乡偶书》：少小离家老大回，乡音未改鬓毛衰。儿童相见不相识，笑问客从何处来。

贺知章号称"四明狂客"，据说贺知章经常与张旭出入民间，见有好墙壁或屏障，一时兴起，即随手挥毫题字。贺知章生性旷达，谈吐诙谐，为人所重并乐与交往。其姑表兄弟工部尚书陆象先曾说："一日不见，则鄙吝生矣。"看来贺知章是个很容易接近的人，并且《回乡偶书》中的"儿童相见不相识，笑问客从何处来"也充分说明了他的这种性格。试想，如果贺老前呼后拥，鸣锣开道，小儿们恐怕早吓得躲在路边，哪里有机会笑问他"客从何处来"？贺知章一生官运亨通，贺知章退休时，唐玄宗御制《送贺知章归四明》诗赠行，太子以下百官饯行送别，颇有点"空前绝后"的意思。

举头望明月， 低头思故乡。

这句话出自唐代李白的《静夜思》：床前明月光，疑是地上霜。举头望明月，低头思故乡。

"静夜思"也叫做夜思，属于乐府诗，郭茂倩把它编入《乐府诗集·新乐府辞》，并说："新乐府者，皆唐世之新歌也。以其辞实乐府，而未尝被于声，故曰新乐府也。"李白的这首思乡之作，被称为"千古思乡第一诗"，感动了古今无数他乡流落之人。

而在中国历史上，也有无数思乡的故事广为流传。"莼鲈之思"说的是为美食而辞官的一段历史佳话，这是历史上真实的故事。张翰，字季鹰，吴江人。据《晋书·张翰传》记载"张翰在洛，因见秋风起，乃思吴中菰莼羹、鲈鱼脍，曰：'人生贵适志，何能羁宦数千里以要名爵乎？'遂命驾而归。""莼鲈之思"，也就成了思念故乡的代名词。

张翰是个才子，写江南的菜花，有"黄花如散金"之句，李白很佩服他，写诗称赞："张翰黄金句，风流五百年。"不过，张翰留名于世，还是因为莼菜和鲈鱼。关于"莼鲈之思"，他自己有诗为证："秋分起兮佳景时，吴江水兮鲈正肥，三千里兮家未归，恨难得兮仰天悲。"这是他在洛阳思念家乡时发出的慨叹。这莼鲈之思，后来有很多人在诗中提及。把思念故乡的情感，和莼菜鲈鱼联系在一起，确实诗意盎然。

长相思兮长相忆

酒入愁肠，化作相思泪

这句话出自宋代范仲淹的《苏幕遮》：碧云天，黄叶地，秋色连波，波上寒烟翠。山映斜阳天接水，芳草无情，更在斜阳外。黯乡魂，追旅思，夜夜除非，好梦留人睡。明月楼高休独倚，酒入愁肠，化作相思泪。

欧阳修在《六一诗话》中称这首词"状难写之景如在目前，含不尽之意见于言外。"这首词对宋代豪放派词作和元曲的创作都有较大影响，是一篇流传千古的名作。

范仲淹在宋真宗朝进士。庆历三年（1043年）七月，授参知政事，主持庆历改革，因守旧派阻挠而未果。次年罢政，自请外任，历知州、邓州、杭州、青州。

"碧云天，黄叶地"二句，后为元代王实甫《西厢记》"长亭送别"一折所化用为：碧云天，黄叶地，西风紧，北燕南飞，晓来谁染霜林醉，总是离人泪。与范仲淹的原词同样凄恻苍凉。

身无彩凤双飞翼，心有灵犀一点通

这句话出自唐代李商隐《无题》，意思是：身上没有彩凤那双可以飞翔的翅膀，心灵却像犀牛角一样，有一点白线可以相通。全诗是：昨夜星辰昨夜风，画楼西畔桂堂东。身无彩凤双飞翼，心有灵犀一点通。隔座送钩春酒暖，分曹射覆蜡灯红。嗟余听鼓应官去，走马兰台类转蓬。

古书记载，有一种犀牛角名通天犀，有白色如线贯通首尾，被看做灵异之物，故称灵犀，"一点通"的想象也由此而来。清人冯舒在《瀛奎律髓汇评》中说："次联衬贴流丽圆美，'西昆'一世所效。"

"心有灵犀"在佛教中也有类似的故事，释迦世尊在涅槃之前的不久，有一天在灵鹫山顶，对百万人及诸比丘宣说："不久我就要涅槃了，诸位想要问法的，就快点随你所想知的问题问罢。"

释迦牟尼手拈金色波罗花遍示诸众，众人默然不语，只有迦叶尊者双目光华闪烁，展颜一笑，已自这一花一笑之中得大智慧矣！

佛祖指间究竟拈着何种微妙法门，已经无从探究，他只说："不立文字，教外别传。付嘱迦叶。"迦叶也不会说出来，否则就不是智者了。人间有些事亦是如此，心有灵犀便可，若说出来倒显愚蠢。

后来中国禅宗所说的"西来意"，便是指的西天二十八祖，代代相随的这个无言之教。

侯门一入深似海，从此萧郎是路人

这句话出自唐代崔郊的《赠婢诗》："公子王孙逐后尘，绿珠垂泪滴罗巾。侯门一入深似海，从此萧郎是路人。"萧郎原指梁武帝萧衍，在后来的文学作品中泛指女子所爱恋的男子。

据唐末范摅《云溪友议》载：唐元和年间，秀才崔郊和其姑母的一个婢女互生情愫，互相爱慕，并私订终身，但是后来婢女却被卖给了显贵于某。崔郊悲伤怅惘不已，但也毫无办法。一年寒食节，偶尔外出的婢女，在街上邂逅了崔郊。崔郊看见自己心爱的人成了他人的妻子，不仅百感交集，写下这首诗。诗人被夺取所爱的悲哀，从此诗中我们不难体会。后来于某读到此诗，深为崔郊的痴情所感动，于是忍痛割爱，便让崔郊把婢女领去，传为一时美谈。

衣带渐宽终不悔， 为伊消得人憔悴

这句话出自宋代柳永《凤栖梧》：伫倚危楼风细细。望极春愁，黯黯生天际。草色烟光残照里，无言谁会凭栏意。

拟把疏狂图一醉。对酒当歌，强乐还无味。衣带渐宽终不悔，为伊消得人憔悴。

这是一首怀人词，把漂泊异乡的落魄感受，同怀恋意中人的缠绵情思结合起来。

"衣带渐宽终不悔，为伊消得人憔悴。"自柳永之后，就为历代名句。后来，王国维在《人间词语》中谈到"古今之成大事业、大学问者，必经过三种境界"，被他借用来形容"第二境"的便是"衣带渐宽终不悔，为伊消得人憔悴"，并说此等语"非大词人不能道"。这大概正是柳永的这两句词概括了一种锲而不舍的坚毅性格和执著态度。他"虽九死其犹未悔"的执著恋情，真挚感人。

春蚕到死丝方尽， 蜡炬成灰泪始干

这句话出自唐代李商隐的《无题》，全诗为：相见时难别亦难，东风无力百花残。春蚕到死丝方尽，蜡炬成灰泪始干。晓镜但愁云鬓改，夜吟应觉月光寒。蓬山此去无多路，青鸟殷勤为探看。

"春蚕到死丝方尽"中的"丝"字与"思"谐音，全句是说，自己对于对方的思念，如同春蚕吐丝，到死方休。"蜡炬成灰泪始干"是比喻自己为不能相聚而痛苦，无尽无休，仿佛蜡泪直到蜡烛烧成了灰才流尽一样。

李商隐的这首诗以形象的比喻表达了爱情的坚贞，而在中国历史上，还有很多有关坚贞爱情的故事，其中最普遍的就是关于"望夫石"的传说。"望夫石"是古迹名，在全国各地很多地方都有。民间传说中，妇人伫立盼望夫君归来，天长日久而化为石头。《初学记》卷五引用南朝宋刘义庆《幽明录》中记载"武昌北山有望夫石，状若人立。古传云：昔有贞妇，其夫从役，远赴国难，携弱子饯送北山，立望夫而化为立石。"辽宁省兴城市西南望夫山上的望夫石，则相传为孟姜女望夫所化。其他地方如宁夏回族自治区隆德县西南、江西省分宜县昌山峡水中、广东省清远市均有望夫石。

在天愿做比翼鸟，在地愿为连理枝

这句话出自白居易的《长恨歌》，这句话后来常被用于形容爱情的坚贞。

比翼鸟，中国古代传说中的鸟名。这种鸟仅有一只眼睛，一个翅膀，雌雄必须并翼飞行，所以，常用于比喻恩爱夫妻，也用于比喻情深谊厚、形影不离的朋友。《山海经·海南经》："比翼鸟在（结匈国）其东，其为鸟青、赤，两鸟比翼。一曰在南山东。"在《西山经》中也有记载："崇吾之山有鸟焉，其状如凫，而一翼一目，相得乃飞，名曰蛮蛮，见则天下大水。"《尔雅·释地》中说："南方有比翼鸟焉，不比不飞，其名谓之鹣鹣。"

连理枝，连理枝是指两棵树的枝干合生在一起。北京故宫御花园里钦安殿、浮碧亭的旁边都有这样合生的树。相邻的两棵树的枝干为什么可以相依在一起呢？在树皮和木质部之间，有一层细胞叫做形成层，这一层细胞有很强烈的向外和向内的分裂作用，细胞分裂，增生了许多新的细胞。如果两棵树在有风的天气里，树干互相摩擦，把树皮磨光了，到无风的时候，两条树枝挨近，形成层就紧密连接在一起，形成"连理枝"。

曾经沧海难为水，除却巫山不是云

这句话出自唐代元稹《离思五首·其四》。全诗为："曾经沧海难为水，除却巫山不是云。取次花丛懒回顾，半缘修道半缘君。"

"曾经沧海难为水，除却巫山不是云。"这句话的意思：经历过无比深广的沧海的人，别处的水再难以吸引他；除了云蒸霞蔚的巫山之云，别处的云都黯然失色。

原诗以沧海之水和巫山之云隐喻爱情之深广笃厚，见过大海、巫山，别处的水和云就难以看上眼了，除了诗人所念、所钟爱的女子，再也没有能使我动情的女子了。关于这首诗有一个故事,元稹曾经写过一本《莺莺传》,诗人的这个"心上人",据说是双文,即诗人所写传奇《莺莺传》中的莺莺。诗人因双文出身寒门而抛弃她后,有八九年"不向花回顾"(《梦游春七十韵》)。又有人说此诗是为悼念亡妻韦丛而作,韦丛出身名门,美丽贤惠,27岁早逝后,诗人曾表示誓不再娶。关于"沧海"和"巫山云"两词,"沧海"出自《孟子·尽心上》"观于海者难为水";"巫山云"出自宋玉《高唐赋序》"妾在巫山之阳,高丘之阻,旦为朝云,暮为行雨"。

此情可待成追忆,只是当时已惘然

这句话出自李商隐的《锦瑟》:锦瑟无端五十弦,一弦一柱思华年。庄生晓梦迷蝴蝶,望帝春心托杜鹃。沧海月明珠有泪,蓝田日暖玉生烟。此情可待成追忆,只是当时已惘然。

此诗约作于作者晚年,当是他回忆往事,对一生坎坷而发的感慨,尽管描写委婉,旨意朦胧,但显然有其寄托。李商隐在诗中含蓄委婉地从多个不同角度抒写了自己坎坷的际遇和哀怨感伤之情,痛惜华年流逝、抱负成空。

晚唐诗人司空图曾引戴叔伦话:"诗家美景,如蓝田日暖,良玉生烟,可望而不可置于眉睫之前也。"神话里说,月满则珠圆,可是,月夜下的沧海明珠依然有泪。在茫茫无际的大海里,每一颗珍珠都是一个泪点,蓝田山中出产美玉,有玉之处烟霭蒙蒙,而人们只见山中烟霭,不知玉在何处,美玉如同沧海遗珠一样无人赏识。

这首诗历来众说纷纭,难以确解。有的认为是诗人晚年对自己一生的总结;有的认为是悼亡诗,怀念其妻王氏,或是怀念其青年时所爱恋的一位女道士;有的认为是追悼已故宰相李德裕。金人元好问在其《论诗绝句三十首》中便曾说过这首诗是"一篇锦瑟解人难"。

两情若是久长时,又岂在朝朝暮暮

这句话出自秦观的《鹊桥仙》:纤云弄巧,飞星传恨,银汉迢迢暗度。金风玉露一相逢,便胜却、人间无数。柔情似水,佳期如梦,忍顾鹊桥归路。两情若是久长时，又岂在朝朝暮暮。

秦观（1049~1100）字少游，一字太虚，号淮海居士。与黄庭坚、张耒、晁补之合称"苏门四学士"。哲宗时"新党"执政，被贬为监处州酒税，贬到郴州、横州，又到雷州、到滕州，后去世。他是北宋后期著名的婉约派词人，《鹊桥仙》中"两情若是久长时，又岂在朝朝暮暮"被誉为"化腐朽为神奇"的名句。

此词来源是因为他对一个歌妓的深切爱慕，但得不到家庭和老师（苏东坡）的认同，所以在环境的压力之下，秦观只能用诗来抒发自己的爱与苦闷。在这首词中，引用了牛郎织女的故事，这个故事在中国可谓是家喻户晓。故事说的是：牛郎因父母早逝，与兄嫂共处常遭受虐待，后来他在老牛的帮助下与天上的仙女织女结为夫妻并育有一对儿女，王母娘娘得知织女私嫁凡夫，乃命天神将之押回。牛郎依老牛临终所嘱咐，披上牛皮，并用箩筐挑起儿女飞奔天庭追寻织女。王母为阻绝两人相聚，用金簪向天一画，化成一条天河，从此牛郎织女相隔天河，朝暮相望却不得相聚。后来玉帝感其至诚，乃特准他们在每年七夕夜，以喜鹊搭成鹊桥在天河相会。秦观用他们的故事来注解"两情若是久长时，又岂在朝朝暮暮"可谓恰如其分。